나는 매일 재앙을 마주한다

나는 매일 재앙을 마주한다

제임스 후퍼·강민아 지음

탐험가의 눈으로 본
기후위기의 7가지 장면

INFLUENTIAL
인 플 루 엔 셜

서문

지구는 돈다.

당신이 밥을 먹거나, 일을 하거나, 데이트를 하거나, 달리기를 하거나, 잠을 잘 때도 지구는 자전하며 공전한다. 우리가 느끼지 못할 뿐이다. 당신과 내가 태어나기 전부터 그래왔다. 그리고 우리가 생을 다할 때까지 지구는 계속 돌고 있을 것이다.

그렇게 우리가 느끼지 못하게 고요했던 지구가 요동친다. 인간은 고작 몇 세기 만에 지구의 온도를 급격하게 상승시켰다. 그래서 지구는 요동친다. 뜨거워진 지구는 열에너지를 우주 밖으로 방출하지 못하고 응축된 에너지를 지구 곳곳에서 터뜨린다. 흐트러진 균형을 다시 맞추기 위해 폭우와 홍수, 폭염과 산불, 태풍과 허리케인으로 에너지를 뿜어낸다. 우리는 인류 탄생 이래 지구가 처음 겪는 심각한 에너지 불균형 시대를 살아간다. 인간은 지구를 괴롭게 하고 지구는 인간을 괴롭게 하고 있다.

궁극에 도달하면 지구는 스스로 균형을 찾을 테다. 지구는 이미 46억 년 동안 이 요동을 반복해왔다. 하지만 나약한 인류에게는 요동치는 지구를 막아낼 방도가 없다. 생존해나갈 뾰족한 해법도 없다. 지구가 조금이라도 덜 요동치게 만들고, 기후위기로 인류에게 닥칠 재앙을 미루는 것만이 최선이다. 그러나 불행하게도, 현실은 그마저도 쉽지 않다.

지금도 지구는 돈다. 그리고 요동친다. 이미 요동치는 지구에서 모든 인류가 '안전하게' 생존하는 것은 불가능에 가깝다. 미래 세대는 물론 당신과 나, 우리의 생존도 위태롭다.

당신이 모르는 지구 이야기를 해보려 한다. 우리는 이 책에 전 세계 곳곳을 탐험하며 목격한 균형 잃은 지구의 모습과 현재 발생하고 있는 기후위기의 현실을 담았다. 그리고 도대체 왜 이런 일들이 벌어지게 되었는지 탐험가이자 과학자의 시선, 그리고 기후환경 전문 PD의 시선으로 풀어내고자 했다.

사람들은 왜 기후위기의 심각성을 있는 그대로 느끼지 못할까? 인간이 맞닥뜨린 기후위기를 부정하는 가짜 뉴스에 도대체 왜 그토록 쉽게 현혹되는지 의아하기만 했다. 여러 생각 끝에 우리는 지구에서 일어나는 일들이 너무 복잡하고 어려워 전달되기 쉽지 않기 때문이라는 결론에 도착했다.

지구에서 일어나는 복잡한 상호작용을 모두 완벽하게 이해하는 것은 불가능한 일이다. 지구를 둘러싼 변수가 너무 다양해 그 원인과 결과를 정확히 예측하는 것도 힘들다. 과학적으로 밝혀내지 못한 현상이 아직도 너무나 많다.

그럼에도 불구하고 우리는, 우리가 가진 미약한 지식을 모두와 나누기로 결심했다. 사람들이 기후위기를 조금이나마 쉽게 이해하는 데 도움을 줄 수 있다면 요동치는 지구를 조금이라도 멈출 수 있지 않을까. 그렇지 않더라도 이 자체만으로도 충분히 의미 있는 도전이라고 믿는다.

사랑의 기본 전제는 그 대상에 대한 이해다. 그래서 우리는 당신이 지구를 조금이라도 더 이해한다면 지구를 더 많이 아끼고 사랑하게 될 것이라고 확신한다. 이 책을 통해 그 마음이 시작되기를, 그리하여 우리와 우리 미래 세대가 물의 행성, 아름다운 푸른 별 지구를 더 오래 누릴 수 있게 되기를 바라본다.

차례

그때도
지구는 녹고 있었다

'쩌억' '콰앙-' 마치 폭죽놀이가 시작된 것 같았다. 에베레스트산 한복판에서 거대한 폭죽을 터뜨린 것처럼 멀리서부터 둔탁한 소리가 들려왔다. 정체 모를 소음은 히말라야산맥을 가르며 우리가 서있던 얼음 계곡 전체를 웅장하게 뒤덮었다. 폭죽 소리가 굉음으로 바뀌자 직감했다. 이 산에 큰일이 벌어졌구나. 에베레스트 정상에 오른 '최연소 영국인'이 된 지 고작 하루가 지났을 뿐이었다. 무사히 내려갈 수 있을까. 본능적인 두려움이 엄습했다.

2006년 5월 17일, 나와 롭은 에베레스트 정상을 정복했다. 해발 8,848미터, 지구에서 가장 높은 곳에 도착한 것이다. 기쁘고 벅찼지만, 한편으로는 너무 피곤하다는 생각에서 벗어날 수 없었다. 등반 과정에서 이미 많은 체력을 소진했고 산소가 부족했기 때문이다. 에베레스트 정상에 도달하더라도 머무를 수 있는 시간은 길지

● 2006년 5월 17일, 롭 건틀렛과 제임스 후퍼는 당시 영국인 최연소로 에베레스트 정상에 올랐다.

않다. 안전을 위해서는 빠르게 하산해야만 했다. 우리는 정상에서 내려가는 길목에 위치한 산악 캠프 중 하나인 캠프 2에서 하루를 묵고 다음 날 새벽 6시부터 다시 산을 내려가기 시작했다. 하산을 시작한 지 얼마 지나지 않아 눈사태를 만났다.

두꺼운 등산화 밑창을 뚫고 산맥의 거대한 진동이 느껴졌다. 어딘가에서 떨어져 나온 커다란 빙하가 수천 톤의 눈과 함께 수백 미터 아래로 굴러떨어지고 있었다. 눈사태였다. 엄청난 굉음이 각진 암벽 앞뒤로 울려 퍼지면서 허공을 가득 채웠다. 쏟아지는 눈과 빙하의 파편들이 계곡 사이를 빠져나와 얼음으로 가득 찬 계곡 바닥을 내리치고 튕겨나가 미끄러져 내렸다. 순식간에 벌어진 일이었다. 곧 얼음 조각들이 가라앉고 진동이 잠잠해지자 죽음의 침묵이 산을 뒤덮었다. 고요함 그 자체였다. 허공에는 굉음의 잔상조차 남아있지 않았다.

우리는 빠르게 주위를 살폈다. 혹시나 2차 눈사태가 발생하진 않을지, 다른 등반가들이 위험에 처하지는 않았는지 둘러봤다. 다행히 얼음덩어리들이 우리가 내려갈 등반로로 넘어오지 않고 목적지인 전진 기지Advance Base Camp 텐트촌 근처에서 멈춘 듯했다. 눈앞에서 벌어진 갑작스러운 자연의 힘에 겁먹은 우리는 더 이상 눈사태가 없기만을 간절히 바라며 세계 최고봉을 뒤로하고 무사히 산을 내려왔다.

기록상 가장 따뜻했던 해

2006년에 일어난 그 눈사태는 지구온난화가 만들어낸 기후 재난이었을지 모른다. 우리가 에베레스트 정상에 오를 땐 다행히 눈이 많이 내렸지만, 그 당시도 지구 온도가 기록적으로 상승하던 때였다. 2005년 지구 온도는 당시까지 기록된 기온과 비교할 때

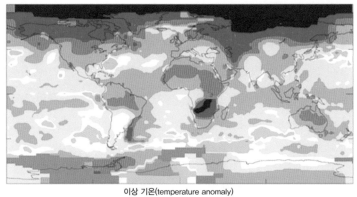

이상 기온(temperature anomaly)

-3 -2.5 -1.5 -1 -.5 -.1 .1 .5 1 1.5 2.5 3.4(℃)

● 2005년 기준, 과거 30년의 평균 기온과 비교한 전 세계 기온을 나타내는 지도이다. 2005년은 당시 기준
으로 역대 가장 따뜻했던 해로 기록되었으며, 특별히 북반구 고위도 지역에서 기온 상승이 크게 나타났다.
북반구 고위도 지역 대부분의 평균 기온은 정상보다 1.5℃ 이상 높았다(빨간색과 진한 빨간색 영역).

역대 최고 수준으로 상승했다. 육지와 해수면을 모두 고려하면 평
균보다 약 0.58℃ 높았다. 전 세계 기온의 변화를 기록하고 분석
하는 미국 항공우주국[NASA] 고다드 우주연구소[Goddard Institute for Space
Studies, GISS]는 당시 2005년을 가장 따뜻했던 해로 기록했다.[1] 특히
러시아, 스칸디나비아반도, 캐나다, 알래스카 등 북반구의 고위도
지역에서 기온이 평균을 크게 웃도는 등 광범위한 온난화가 두드
러졌다.[2]

　이러한 기온의 상승은 1998년에 기록적으로 지구 온도를 상승
시켰던 엘니뇨의 영향 없이 달성된 것이라는 점에서 주목받았다.

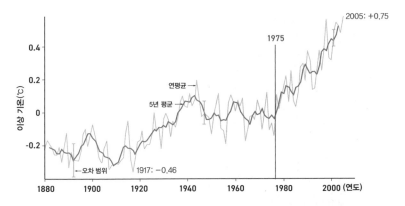

2005: +0.75

1975

0.4

0.2

연평균 →

5년 평균 →

이상 기온(℃)

0

-0.2

←오차 범위

1917: −0.46

1880   1900   1920   1940   1960   1980   2000 (연도)

● 1880년부터 2005년까지의 전 세계 평균 기온 그래프다. 1975년경부터 온난화가 급격하게 진행되기 시작했음을 알 수 있다.

1998년과 2005년 두 해의 평균 기온은 14.6℃였지만, 각기 다른 방식으로 고온 차트 상위권에 올랐다. 1998년은 100년내 가장 강력한 엘니뇨가 발생한 해였다. 엘니뇨는 태평양 동부의 기온을 비정상적으로 따뜻하게 만들어 지구 전체의 온도를 상승시켰다. 그러나 2005년은 엘니뇨가 발생하지 않았음에도 1998년과 같은 기록적인 최고 기온을 달성했다. 2006년부터 학계에서는 2005년을 포함한 21세기 초가 19세기 말 기상 관측 기록이 시작된 이래 가장 따뜻했다는 점을 더욱 강력히 언급하면서 1975년경부터 시작된 급격한 온난화 추세를 강조하기 시작했다. 우리가 에베레스트를 올랐던 그해는 기후변화 연구에 있어서 아주 중요한 변곡점이 된 해였다.

● 2006년 4월 미국 시사 주간지 《타임》의 표지. 2006년에는 여러 언론에서 지구온난화의 위험성을 강조하기 시작했다.

역대급의 기록을 갈아치운 2005년이 지나자 지구온난화를 경고하는 기사가 쏟아지기 시작했다. 미국의 미래 예측 전문지 《퓨처리스트》는 2006년 신년 호에서 지구온난화를 그 해의 최대 화두로 꼽았다.

2006년 4월 미국의 시사 주간지 《타임》에서도 지구온난화에 대한 특별 리포트를 통해 당시 '티핑포인트'를 언급하며 경고했다. 영국의 경제학자 니콜라스 스턴은 세계은행 수석경제연구원이던 2006년 〈스턴 보고서The Stern Review〉를 발표했다. 이 보고서는 기후변화에 따른 위기를 경제적 측면에서 최초로 분석하며 지구온난화의 영향을 완화하기 위한 전 세계적인 행동이 시급하다는 점을 강조했다.

지금은 어떨까. 인류가 간절히 정복하고 싶어 하는 세계 최고봉 에베레스트를 품은 지구의 지붕 히말라야. 눈 덮인 거대한 산맥이 그려낸 절경은 우리에게 익숙한 모습이다. 하지만 이제 히말라야에는 눈보다 비가 더 자주 내린다. 빠르게 상승하는 지구 온도 때

● 네팔 히말라야산맥의 동쪽에 위치한 아마다블람은 아름다운 산봉우리로 유명하다. 많은 산악인들이 등
정에 도전하곤 한다.

문에 히말라야의 모든 빙하가 수십 년 안에 사라질 위기에 놓였
다. 지구상에서 가장 높은 히말라야의 빙하가 녹는다는 건 전 세
계 설산이 녹아내린다는 뜻이기도 하다. 만약 설산을 정복하겠다
는 꿈이 있다면 하루라도 빨리 출발하는 것을 추천한다. 물론 이
마저도 늦었을지 모른다.

히말라야 빙하 붕괴는 이미 돌이킬 수 없는 속도로 진행 중이
다. 매년 눈사태로 수많은 등반가와 셰르파가 목숨을 잃고 있으며,
녹아내린 빙하 속에서 오래전 조난으로 실종돼 찾지 못했던 산악
인들의 시신이 발견되고 있다. 우리도 아마다블람Ama Dablam을 함께
올랐던 소중한 셰르파 친구들을 끔찍한 눈사태로 잃었다.

아마다블람은 히말라야 산맥의 동쪽 에베레스트에서 불과 몇

킬로미터 떨어진 해발 6,856미터 봉우리다. 네팔어로 아마^{Ama}는 어머니, 다블람^{Dablam}은 펜던트를 뜻한다. 아마다블람, 즉 어머니의 펜던트는 봉우리의 모습이 마치 아이를 안고 있는 어머니의 목걸이와 비슷해 지어진 이름이다. 산의 능선이 양쪽으로 뻗은 팔의 모습이고, 중앙에는 커다란 펜던트 모양의 빙하가 있다. 에베레스트가 있는 쿰부 계곡 지역에서 가장 아름다운 산봉우리로 꼽히며, 정상으로 갈수록 아주 가파르게 하늘로 솟아있다.

2005년, 나와 롭은 에베레스트를 오르기 전 히말라야 마지막 원정 훈련을 위해 아마다블람을 찾았다. 정상으로 가는 길에는 세 개의 산악 캠프가 있다. 캠프 1은 산등성이를 오를 때쯤 만나게 되는 바위가 많은 지역에 산이 팔을 뻗은 능선 위에 있다. 캠프 2는 작은 바위 봉우리 꼭대기에 위치하며 가파른 봉우리에서 유일하게 평평한 곳이다. 텐트 서너 동 정도는 설치할 수 있지만 공간이 넉넉하진 않다. 밤에 화장실을 가는 도중 한 발짝이라도 헛디디면 순식간에 수천 미터 아래로 추락해 죽게 될 수도 있다.

가파른 바위와 얼음으로 이루어진 벽을 지나 험난한 능선을 따라 꼬박 하루를 더 올라가면 눈과 얼음덩어리 위에 자리 잡은 캠프 3이 있다. 캠프 3에서는 쿰부 계곡을 따라 남쪽으로 내려가는 환상적인 노을을 감상할 수 있다. 정상에 오르기 직전 분홍색과 주황색으로 물든 하늘이 우리를 반겨주었다. 우리는 텐트 안에서 바람 소리와 얼음이 삐걱거리는 소리를 들으며 긴장된 밤을 보냈다. 설산 등반 경험이 많은 현지 셰르파 밍마가 잠들기 전에 만들어준 따뜻하고 달콤한 밀크티는 큰 위로가 되어주었다.

다음 날 우리는 아마다블람의 정상에 올랐다. 뾰족한 봉우리들이 빽빽하게 들어찬 에베레스트가 손에 닿을 듯 가까이 보였다. 정상에서 짧은 보람을 만끽하고 다시 긴 하산을 시작했다. 무사히 베이스 캠프로 돌아와서야 안도의 한숨을 내쉬었다. 팀원들과 축하 파티를 열고 이 아름다운 산을 안전하게 오르내릴 수 있도록 도와준 셰르파들에게 감사를 표했다.

그로부터 1년 후, 에베레스트 원정까지 성공적으로 마치고 북극에서 남극을 종단하는 폴투폴 탐험 계획을 한창 세우고 있을 때 메일함에 한 통의 이메일이 도착했다. 아마다블람 빙하 일부가 붕괴되면서 눈사태가 일어나 수천 톤의 눈이 산 아래로 쏟아졌다는 소식이었다. 캠프 3에서 정상 등정을 준비하고 잠들어있던 모든 사람이 실종되었다고 했다. 그중에는 불과 6개월 전, 우리와 함께 에베레스트 정상에 올랐던 셰르파 밍마도 있었다.

산 위에 얼음이 녹아내리는 것이 인류가 정복하려는 어떤 대상 하나가 사라지는 정도의 비극이라면, 달이든 화성이든 다른 정복 대상을 찾아 떠나면 해결된다. 하지만 이것은 당신이 상상하는 그 이상으로 아주 큰일이다.

도미노는 쓰러지기 시작했다

히말라야 빙하가 붕괴된다는 것은 그 얼음 산을 끼고 살아온 사람들의 삶과 문명, 그리고 생태계가 함께 무너진다는 뜻이다. 히말라야에서 시작된 기후 재난의 도미노는 이미 쓰러지기 시작했다. 비가 내리지 않는데 홍수가 난다. 녹아내린 빙하가 물이 되어 쏟아지고, 거대한 얼음 조각들이 빙하호로 떨어지면서 흘러넘쳐 물난리가 발생한다.

히말라야산맥에는 녹아내린 빙하가 고여서 자연적으로 형성된 수만 개의 호수가 존재한다. 이 빙하호를 따라 자연적으로 생긴 둑이 제방 역할을 한다. 물 주변에는 마을이 형성되고 산맥의 주민들이 군락을 이루어 살아간다. 그런데 히말라야산맥이 걸쳐있는 인도, 부탄, 네팔, 파키스탄 등에서 지금껏 겪어보지 못한 거대한 홍수와 산사태가 사람들을 덮치고 있다. 바로 빙하호 붕괴 홍수 glacier lake outburst flood, GLOF 현상이다. 빙하가 녹는 속도가 빨라질수록 인근 지역 주민들은 빙하로부터 떨어져 나온 거대한 물줄기와 처절한 사투를 벌여야 한다.

인류의 힘으로는 도저히 막아낼 수 없는 거대한 기후 재난이 벌어지고 있다. 쏟아져 내린 물은 홍수와 산사태를 유발하고, 물이 빠져나가면 치명적인 가뭄이 찾아온다. 히말라야는 대형 강 12개의 발원지이자 인구 20억 명의 식수원이다. 이는 히말라야가 품고 있던 물이 쏟아져 내리면 20억 명의 사람이 먹고 쓸 물이 사라진 다는 뜻이다. 빙하가 녹아 없어지기 전에 하루라도 빨리 식수 공 급 시스템을 마련하지 않으면 지구 전체 인구의 25퍼센트가 물 부 족에 시달리고 생존을 위협받게 된다.

물이 사라지면, 아무도 그곳에 살 수 없다. 20억 명의 기후 난민 이 발생한다면 우리 사회에 어떤 일이 벌어질까. 21세기 유럽 정치 판의 가장 뜨거운 감자, 난민 문제를 생각해보자. 브렉시트의 원 인으로 꼽히기도 하는 시리아 난민은 2011년 이후 680만 명이 발 생한 것으로 파악되며, 2022년 러시아-우크라이나 전쟁으로 인 해 우크라이나를 떠난 난민은 400만 명으로 추산된다. 2022년 기 준으로 유엔난민기구가 집계한 전 세계 난민은 약 1억 1000만 명 에 달한다. 히말라야 식수원이 사라지면 지금 지구상에 있는 난민 의 약 20배에 달하는 20억 명의 기후 난민이 발생하게 될지도 모 른다.

기후에는 국경이 없다. 이것은 비단 히말라야만의 문제가 아니 다. 기후위기는 그야말로 도미노처럼 복합적이고 연쇄적인 재난으 로 찾아온다. 이 비극은 전 지구에 걸쳐서 발생하고 있다. 비극의 도미노, 그 시작과 끝에 바로 우리 인간이 있다.

기후변화를 이해하기 위한
네 가지 질문

기록적인 폭염, 초대형 산불과 폭설, 산사태와 홍수 피해로 이어지는 장기적인 장마 등 기후변화 가속화로 인해 기후 재난의 규모가 점점 더 커지고 있으며 발생 빈도 또한 매년 높아지고 있다. 지구는 왜 계속해서 뜨거워지고 있는 것일까? 기온 상승이 지속되면 어떻게 될까? 왜 전 세계는 탄소 중립net zero을 외치고 있는 것일까?

전 세계에서 동시다발적으로 일어나는 기후 재난으로 인해 요동치고 있는 지구를 이해하기 위해서 네 가지 질문을 던져본다.

1 왜 탄소일까?

탄소는 지각에서 열다섯 번째로 풍부한 원소다. 우주로 눈을 돌려보면 질량 기준 수소·헬륨·산소 다음으로 풍부하다. 그만큼 지

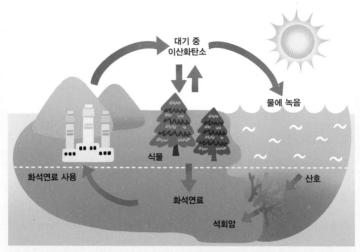

● 탄소는 지구 내에서 다양한 방법으로 순환한다. 이산화탄소의 양이 대기에서 너무 많아지면 이상기후 현상이 발생하는데, 현재 인간의 활동으로 인해 자연 탄소 순환이 붕괴되면서 지구 시스템 내에 탄소가 빠르게 축적되고 있다.

구 어디에나, 그리고 우주 곳곳에 폭넓게 자리 잡고 있다.

탄소는 거의 1000만 종에 달하는 무수히 많은 화합물을 형성하고 있는 것으로 알려졌다. 지금까지 발견된 모든 원소 중 탄소만큼이나 다양하고 풍부한 화합물을 만들어내는 존재는 없다. 순수 탄소 결정인 다이아몬드는 물론, 이산화탄소(CO_2)와 메탄(CH_4) 같은 기체, 화석연료와 플라스틱을 이루는 사슬형 탄화수소, 그리고 석회암을 이루어 산과 바위를 형성하는 탄산칼슘까지 이 모든 것이 탄소를 토대로 만들어진다.

숨을 들이마시고 내쉬는 호흡부터 먹고 마시는 모든 과정에도 탄소가 관여한다. 탄소라는 작은 원소 하나가 지닌 결합 능력과 유연성은 사실상 지구 생태계가 돌아가게 만드는 '숨은 엔진'이라 해도 과언이 아니다. 모든 생명체가 탄소 분자를 얻으려고 끊임없이 움직이기 때문에, 복잡한 탄소 순환이 지구 전체의 자연계를 관통한다. 예컨대 식물은 대기 중 이산화탄소를 광합성에 활용해 탄소 화합물을 만들어내고, 동물은 그 식물을 먹으며 탄소를 에너지원이나 세포 구성 요소로 쓴다.

생물이 죽고 나면 그 몸을 이루던 탄소는 분해 과정에서 다시 대기로 돌아가기도 하고, 지하에 깊이 갇혀 수백만 년에 걸쳐 화석연료가 되기도 한다. 플랑크톤 같은 해양 생물이 쌓여 석회암이 되면 이 암석은 판의 움직임에 휩쓸려 지구 맨틀 속으로 들어가 녹아내릴 수도 있다. 녹은 암석과 가스는 화산을 통해 다시 용암이나 기체 형태로 지표 밖으로 뿜어져 나온다. 이런 식으로 수억 년 동안 수십억 톤의 탄소가 지구 곳곳을 순환해오고 있다.

지구 시스템을 이루는 각 영역에 일시적으로 '저장'되어있는 탄소는 기가톤 단위에 달한다. 화석연료는 수억 년에 걸쳐 퇴적된 생물체가 지하 깊은 곳에 방대한 양으로 갇힌 채 쌓여있던 탄소로 이루어진다. 본래는 탄소 순환의 일부로 오랜 세월 동안 땅속에 안전하게 묻혀있어야 했다. 하지만 인간이 깊은 땅에서 이를 채굴해 태우면서 다시 대기로 풀려나고 있다.

대기 중 탄소량의 증가는 지구 온도를 상승시키는 주원인이 된다. 오랫동안 땅속에 묻혀있어야 할 탄소는 산업혁명 이후 250년 남짓한 기간 동안 이산화탄소로 빠르게 배출되었다. 이는 무려 1.8조 톤에 달하는데, 자연 탄소 순환이 탄소를 축적하는 속도보다 약 100만 배나 빠른 속도다.

농업과 도시화를 위해 탄소 흡수원 역할을 하는 숲을 벌목하는 것도 대기 중 탄소량 증가의 주요 원인이다. 나무를 베거나 태울 때 나무에 저장되어있던 탄소가 다시 방출되고 이산화탄소를 흡수할 수 있는 나무의 수는 줄어들면서 대기 중 탄소 축적이 가속화되기 때문이다. 이처럼 인간 활동으로 인해 탄소 순환이 붕괴되면서, 대기와 해양 같은 지구 시스템의 다른 영역에 탄소가 가파르게 쌓이고 있다.

2 왜 지구가 뜨거워질까?

온실가스란 태양에너지가 대기를 거쳐 지구에 도달한 후에 지구가 다시 우주로 내보내려는 복사에너지를 흡수해 빠져나가지 못하도록 가두는 가스를 말한다. 마치 추운 날 이불 안에 체온을 붙잡아두어 몸을 따뜻하게 유지시키는 원리와 비슷하다. 대표적인 온실가스로는 수증기(H_2O), 이산화탄소, 메탄, 아산화질소(N_2O), 그리고 플루오로카본(FCs) 등 할로겐 계열의 가스들이 있다. 자외선

적정 온실가스 유지   온실가스의 과도한 증가

태양에너지의 일부분 지구 대기권에서 흡수   더 많은 태양에너지를 지구 대기권에서 흡수

태양복사에너지의 대부분 지구 바깥으로 방출   지구 밖으로 방출되는 태양복사에너지를 흡수해 지구 온도 상승

CO_2 CO_2

CH_4 CH_4

N_2O N_2O

● 인간 활동으로 인해 지구에 온실가스의 양이 과도하게 증가해 지구의 온도가 지나치게 상승하는 현상을 지구온난화라고 한다. 온실가스가 필요 이상으로 늘어나 태양복사에너지를 지구 바깥으로 방출하지 못하면서 지구가 점점 더 뜨거워진다.

으로부터 우리를 지켜주는 오존 또한 온실가스의 하나다.

온실가스는 주로 지구온난화의 주범이라고 알려져 있지만, 만약 온실가스가 전혀 존재하지 않는다면 지표의 평균 기온은 $-18^{\circ}C$ 까지 내려간다. 온실가스 덕분에 지구 표면 온도는 평균 $15^{\circ}C$ 정도를 유지하고, 그 온도에서는 물이 액체 상태로 존재해 생명이 번성할 수 있다. 다만 현재는 온실가스의 양이 필요 이상으로 증가하여 지표면에서 방출되는 지구복사에너지를 우주로 내보내지 못하고 다시 흡수하면서 지구의 기온을 과도하게 높이고 있다.

가장 대표적인 온실가스는 이산화탄소다. 이산화탄소는 태양에서 오는 단파 복사(주로 가시광선)는 통과시키면서, 지구가 밖으로 내보내려는 장파(적외선) 복사는 흡수시켜 지구 대기 안에 열을 가두게 된다. 이 과정을 거치며 대기는 한층 더 뜨거워진다.

지난 80만 년 동안 대기 중 이산화탄소 농도는 180~300ppm 사이를 오르내리며 변동해왔다. 산업혁명 이전까지만 해도 대기 중 이산화탄소 농도는 약 280ppm 수준으로, 지구는 인간이 활동하기에 적합한 온도가 유지되었다. 하지만 인간이 화석연료를 사용하기 시작한 뒤부터 그 농도가 가파르게 상승하고 있다. 해마다 이산화탄소 농도 최고치를 경신하면서 2023년에는 마침내 420ppm을 넘어서 점점 더 많은 에너지가 대기에 갇히고 있다. 이산화탄소를 비롯해 온실가스 농도가 높아지면 온실효과는 더욱 강력해지고, 그 결과 에너지는 우주에 방출되지 못하고 지구 시스템 안에 갇히게 되었다. 이렇게 흡수된 열 중 2퍼센트만 대기에, 89퍼센트는 바다에 흡수되었음에도 불구하고 이미 평균 기온은 산업화 이전 시기보다 최소 1.2°C나 상승한 상태다. 2024년에는 약 1.55°C상승했다는 보고서가 나오기도 했다. 이는 파리협약에서 제한선으로 정한 1.5°C를 뛰어넘은 기록이다.

3 왜 지구는 요동칠까?

모든 복잡한 시스템은 상호작용하는 다양한 요소의 조합으로 이루어진다. 특정 요인이 변화하면 시스템 내의 다른 요인이 변경되고, 이는 다시 초기 요인에 영향을 미친다. 이 연쇄적인 상호작용의 순환적 영향을 '피드백feedback', 우리말로는 '되먹임'이라고 부른다.

예를 들어 여우와 토끼가 사는 동산이 있다. 이 동산에 토끼 개체가 늘어난다는 것은 여우가 잡을 수 있는 먹이가 많아진다는 뜻이고, 그 결과 더 많은 여우가 생존하여 여우 개체 수가 증가한다. 그런데 여우가 많아지면서 토끼를 더 많이 잡아서 토끼의 개체 수가 감소하면, 결국 여우가 잡을 수 있는 토끼가 줄어들면서 여우 개체 수도 줄어들고, 그에 따라 다시 토끼 개체 수가 늘어난다. 이 현상이 바로 피드백이다. 또 다른 예로는 파티 공간에서 사람들의 목소리가 커지면 음악 소리가 커지고, 음악 소리가 커지면 사람들의 목소리가 더 커지면서 점점 더 전체적인 소음이 커지는 모습을 들 수 있다.

지구의 기후 시스템에서도 마찬가지다. 빛을 반사하는 하얀 얼음이 녹아 사라지면, 그 자리에는 바다가 드러난다. 바닷물은 얼음보다 훨씬 어두운색이고, 이 어두운 표면은 태양에서 오는 빛과 열을 더 많이 흡수한다. 얼음은 태양복사에너지의 대부분을 반사하지만, 바다는 이 에너지를 대부분 흡수하기 때문이다. 이 과정이 진행되면, 바다는 더 빠르게 가열되고 주변 얼음이 녹는 속도

　　　　　　　　　　　　　　　들어가기 전에

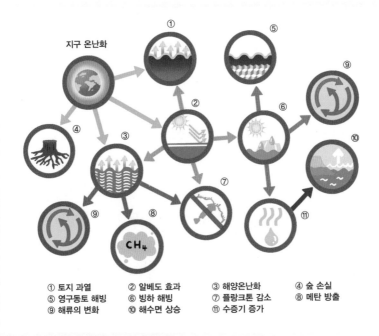

지구 온난화

① 토지 과열　　② 알베도 효과　　③ 해양온난화　　④ 숲 손실
⑤ 영구동토 해빙　⑥ 빙하 해빙　　⑦ 플랑크톤 감소　⑧ 메탄 방출
⑨ 해류의 변화　　⑩ 해수면 상승　⑪ 수증기 증가

● 지구의 여러 시스템은 서로 연결되어 있어 하나의 요인이 변화하면 다른 요인들도 덩달아 변화하게 된다. 지구의 온도가 상승하면서 해양 온난화가 발생하고 이로 인해 해류 흐름이 바뀌면서 다시 기후에 영향을 주거나, 얼음이 녹으면서 지구의 알베도가 낮아져 지구의 온도가 더 상승하는 식이다.

도 점점 더 빨라진다. 한마디로 빛을 반사해주던 '하얀 방패'가 사라져 태양에너지가 고스란히 바닷속으로 들어가게 되는 셈이다. 이 현상을 '양의 되먹임positive feedback'이라고 부른다. 얼음이 줄어들면 바다가 더욱 뜨거워지고, 뜨거워진 바다는 다시 얼음을 더 빨리 녹이며, 결국 시간이 지날수록 얼음이 눈에 띄게 줄어드는 악순환 구조가 형성된다. 즉 지구가 뜨거워지면 뜨거워질수록 지구 시스템의 피드백이 더욱 가속화되는 악순환이 이어진다.

이산화탄소 배출 증가로 인해 지구가 뜨거워지고, 또 갑자기 추워지는 극단 기후가 발생하면서 사람들은 냉난방을 더 많이 사용하게 된다. 냉난방을 많이 사용한다는 것은 그만큼 이산화탄소 배출이 더 많아진다는 뜻이고, 이렇게 배출된 이산화탄소로 인해서 기후변화는 다시 더 심각해진다. 결국 지구는 기후변화로 인해 극단적인 강우, 홍수, 해수면 상승, 강력한 태풍, 폭염 등이 발생하면서 점점 더 강하게 요동치게 된다. 극단적인 날씨 변동으로 인한 기후 재난이 점점 더 심각해지면 농업, 어업, 관광업 등 다양한 산업도 큰 피해를 입어 사회적·경제적 불안정까지 야기될 수 있다.

4 왜 지금이 마지노선일까?

지구 시스템이 잘 작동한다면 기후변화로 인해 발생하는 현상들은 시간이 지나면 회복될 것이다. 마치 스프링이 적당한 범위 안에서 늘어났다 줄어들기를 반복하는 것처럼 회복탄력성이 작용해 원래 상태로 돌아가는 것이다. 그러나 스프링이 한계 이상으로 과도하게 늘어나버리면, 더 이상 원상태로 완벽하게 돌아가기 어렵다. 어느 정도의 변동성은 스스로 조절하며 원래 상태로 복원할 수 있지만, 한번 임계점을 넘어선 기후는 이전처럼 쉽게 회복되지 않

온실가스 배출 →
열돔 →
극심한 가뭄 →
산림 파괴 →
AMOC 붕괴 →
도미노 효과 →
회복력 상실 →
해양산성화 →
환경 정책 실패 →

● 티핑포인트란 일정 수준을 넘으면 더 이상 되돌릴 수 없게 되는 임계점을 말한다. 현재 지구는 이산화탄소, 극심한 가뭄, 해류 변화 등으로 절벽 끝에 몰려있다.

는다. 산업화와 무분별한 개발로 기후변화는 이미 시작되었으며, 자연생태계는 자정 능력을 잃어가고 있다. 회복탄력성이 낮아진 것이다.

온실가스 배출이나 생태계 파괴 같은 인위적인 요인은 지구가 더 빠르게 티핑포인트tipping point에 도달하도록 만들고 있다. 티핑포인트란 지구 기후 시스템이 '돌아올 수 없는 길'을 건너는 임계 지점을 말한다. 지구 온도가 일정 수준 이상으로 오르면, 그 순간부터 기후와 생태계 전체가 급격한 변화를 일으키기 시작한다. 예컨대 극지방의 만년설이 갑작스럽게 녹거나 열대우림이 빠르게 사막화되는 현상이 동시에 일어나면서, 이전까지 균형을 맞추던 기후 시스템이 걷잡을 수 없게 불안정해지는 것이다. 이렇게 한번 한계를 넘어가면, 자연적으로 복원되기가 대단히 어려워진다. 지구가 스스로 균형을 잡을 수 있는 힘을 점차 잃는 것이다.

티핑포인트의 핵심은 '서서히 변화하던 기후가 어느 지점을 넘자마자 폭발적이고 돌이킬 수 없는 가속화'를 보인다는 점이다. 극지방의 얼음이 어느 순간 빠른 속도로 녹기 시작하거나, 영구동토층에서 대량의 메탄이 분출되는 등 단기간에 발생하는 충격이 전 지구적으로 연쇄반응을 일으켜 온난화를 급격히 키운다. 이러한 단계에 이르면, 우리가 탄소 배출량을 줄이더라도 이미 자연 스스로 감당할 수 있는 복원 능력이 고갈되어 지구온난화를 막을 수 없게 된다. 복원력이 약해진 지구가 한계를 넘어서는 순간, 이전보다 훨씬 더 뜨거운 상태, 일명 '온실 상태'로 진입하게 된다.

현재 기후모델과 과학자들의 연구는 여러 영역에서 티핑포인트가 예상보다 빠르게 도래할 수 있음을 시사하고 있다. 티핑포인트는 서로 영향을 주고받기 때문에 하나의 티핑포인트에 도달하면 그때부터는 연쇄반응이 일어나 여러 영역에서 발생하게 된다. 특히 산업화 이전과 비교하여 기온이 1.5℃ 이상 상승하면 빙하가 녹아내리고 해양의 대류가 멈추는 등 많은 영역이 티핑포인트에 도달하기 시작할 것이다. 신기후체제 수립을 위해 체결한 파리협정에서 지구 온도의 상승을 1.5°C로 제한하는 이유도 여기에 있다.

1.5°C는 인류의 생존 및 생태계의 보전을 담보하기 위해 넘지 말아야 할 최후의 한계선으로, 이 선을 완전히 넘으면 더 이상 돌이킬 수 없는 기후변화가 나타날 것으로 예측된다. 이에 티핑포인트 방지를 위해 많은 국가가 온실가스 배출 감축에 동의하였으며 재생 에너지 사용 확대, 탄소 포집 및 저장 기술 개발 등의 방안을 내놓고 있다. 원인과 해법을 우리는 모두 알고 있다. 하지만 이미 시작된 기후변화를 막아낼 만큼의 강력한 변화라고 보기는 어렵다.

그리고 2024년은 전 지구 평균 온도가 산업화 이전과 비교해 1.55°C 높아진, 즉 1.5°C를 넘어선 첫해로 확정되었다.

CHAPTER 1

지구 끝에서 발견한 비극

극지방의 빙하와 알베도 효과

지구에서 가장 높은 봉우리인 에베레스트 등반에 성공하자마자 나와 롭은 새로운 도전을 떠올렸다. 다음 도전은 환경을 보호하면서 지구 끝까지 가보는 모험이었다. 그렇게 '무동력 폴투폴[180] Degrees Pole to Pole Manpowered' 탐험이 시작되었다. 지구의 끝에서 끝까지, 북극에서 남극까지 무동력으로 일주하는 긴 여정이었다.

이미 많은 탐험가가 지구를 일주하는 데 성공했지만, 무동력 일주는 흔하지 않았다. 나와 롭은 스키, 개 썰매, 요트 같은 운송수단을 이용하여 환경에 부담을 주지 않는 무동력 방법으로 지구 일주를 계획했다. 우리가 성공한다면, 이 모험을 통해 더 나은 미래를 위한 메시지를 사람들에게 전달할 수 있을 거라고 믿었다.

지구 곳곳의 경이로운 자연을 탐험하는 것은 즐거운 일이다.

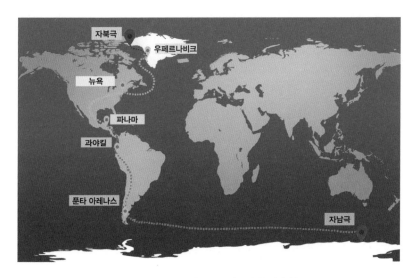

● 제임스와 롭은 자북극에서 자남극까지 무동력으로 이동하는 탐험을 진행했다.

2007년 4월, 북극 그린란드에서 13개월의 시간, 4만 2,000킬로미터의 대장정을 시작했다. 오랫동안 준비한 모험이었다. 하지만 우리는 시작부터 기후변화의 비극을 마주하고 말았다. 눈앞에 펼쳐진 그린란드의 풍경은 상상 속의 모습과 매우 달랐다. 광활한 얼음 벌판은 말 그대로 녹아내리는 중이었다. 시작점인 북극에서부터 모험을 그만둬야 할지도 모를 아찔한 위기들이 도사리고 있었다.

'얼음 깨짐' 주의보

북극의 얼음은 주로 바닷물이 얼어서 만들어진 '해빙海氷, sea ice'으로 이루어져 있다. 남극의 얼음 대부분이 대륙 위에 얼어있는 것과 달리 북극의 얼음 대부분은 해수면에 떠있다. 북극에서는 10센티미터의 해빙 위에 보잉 747기를 착륙시킬 수 있다는 이야기가 전해 내려온다. 기술적으로 가능한지는 확실치 않지만, 10센티미터의 두께에 불과한 해빙일지라도 대형 여객기가 착륙할 수 있을 만큼 단단하다는 전제가 깔려있는 것이다.

해빙은 염분 함량으로 인해 민물 얼음처럼 쉽게 부서지지 않으면서 동시에 탄성을 가지고 있다. 해빙 위에서 표면을 튕기듯 발을 굴러보면 마치 흔들다리를 건널 때와 같은 진동과 흔들림을 느낄 수 있다. 해빙 위를 걷는 건 꽤나 재밌는 일이다. 발에 조금 더 힘을 실어 리드미컬하게 위아래로 점프하면 얼음에서 들리는 공명도 느낄 수 있다. 이 얼음은 충분히 단단하기 때문에 걱정할 필요는 없다.

문제는 당시 북극의 기온이 가파르게 상승하면서 해빙이 아주 빠른 속도로 녹고 있었다는 사실이다. 모험을 마친 뒤 수치를 찾아보니 우리가 모험을 시작한 2007년은 그 당시 기준으로 북극에서 역대 가장 낮은 해빙 면적 수치를 기록한 해였다. 말 그대로 북극의 얼음이 엄청나게 녹아내린 해였다는 뜻이다. 모험을 시작하기 전부디 조류와 바다의 움직임에 따라 해빙이 깨질 가능성이 항상 존재한다는 것을 알고 있었기 때문에 어느 정도 대비는 하고 있었다. 그러나 그해 얼음이 깨지는 놀라운 속도는 손쓸 도리가 없었다. 전례가 없는 일이었기 때문이다.

우리는 얼음이 깨지는 패턴을 파악하기 위해 지난 10년간의 그린란드 북부 위성 이미지를 조사했다. 우리의 계획은 얼음 가장자리까지 이동하여 다음 구간인 남쪽으로 가는 요트에 탑승하는 것이었기 때문에 보트로 갈아탈 수 있는 최적의 장소를 알아내야 했다. 조사 당시만 해도 6월까지는 북극의 얼음이 안정적일 것이라고 예상했다. 하지만 모험을 시작한 4월에 이미 얼음은 깨지고 있었다.

북극 해빙을 눈으로 직접 보기 전까지는 그 성질을 이해하기 어렵다. 바다가 얼어 만들어진 이 얼음은 우리가 음료를 차갑게 만드는 데 사용하는 단단한 얼음 조각이나 노련한 선원들을 두려움에 떨게 하는 거대한 빙산과는 다르다. 큰 규모의 해빙이 쪼개지면 그 사이로 바닷물이 보이는데 그 부분을 '리드leads'라고 한다. 해빙이 한번 쪼개지면 리드 주변으로 여러 개의 얼음덩어리가 만들어진다. 해빙 아래로는 북극해, 즉 바닷물이 흐르기 때문에 밤에는 썰물과 밀물의 흐름에 따라 얼음덩어리들이 밀리고 빠지면서 삐걱거리는 소리가 크게 들린다. 얼음 두께가 수 미터에 달하는 곳도

● 깨진 해빙 사이로 바닷물이 보이는 부분을 '리드'라고 한다.

있으며, 얼음을 가로질러 이동할 때 아무리 조심스럽게 움직여도 얼음이 구부러지고 튀어 오르는 것을 느낄 수밖에 없는 곳도 있다. 물에 떠있는 얼음 위를 걷는 것은 끊임없이 재배열되는 미로를 통과하는 기분이다. 심지어 잠자는 동안에도 해류에 의해 앞에 있던 얼음덩어리가 수 킬로미터 뒤로 이동하기도 하고 전날까지 보지 못했던 또 다른 얼음이 눈앞에 나타나기도 한다.

-40℃의 혹한 속에서 썰매를 타고 가다가 리드를 만나면 우리는 썰매에서 내려 밝은 오렌지색 드라이 슈트를 입고 허리에 밧줄

● 폴투폴 탐험 중인 제임스와 롭의 모습. 북극 해빙이 녹은 구간에서는 차가운 바닷물에서 헤엄쳐서 이동해야만 했다.

을 묶은 채 차가운 바닷물에 들어가야만 했다. 리드를 피해 돌아갈 길이 없기 때문이다. 바다는 수영장과 달라서 얼음의 가장자리에 명확한 선이 있는 경우가 드물다. 그래서 얼음과 리드 사이를 낮게 걸어가다가 마치 바다코끼리가 바다에 미끄러져 내려가는 것처럼 얼음 밑으로 미끄러져 내려가야 했다.

아무리 슈트를 입었대도 얼음 바다 안에서 버틸 수 있는 시간은 몇 분밖에 허락되지 않았다. 물속에서 거대한 썰매를 밀면서 차가운 바다를 헤엄쳐 건너가기 위해서는 민첩성이 필요했다. 빠르게 반대편으로 건너가는 데 성공하더라도 슬러시처럼 수분이 많은

● 해빙이 녹으면 얼음 표면이 슬러시처럼 변한다. 슬러시 얼음이 많이 보이면, 언제든 얼음이 깨질 수 있다는 신호다.

상태가 된 얼음을 만나기라도 하면 바다에서 빠져나와 얼음 위로 올라가는 것도 만만치 않은 일이었다. 뾰족한 말뚝을 얼음에 박고 내 무게를 지탱해주는 말뚝에 의지하여 몸을 끌고 나와야 했다.

모험에서 만난 그린란드의 이누이트 사냥꾼들은 얼음이 예상보다 빨리 녹고 있다고 말했다. 북극 기온이 올라가면서 따뜻한 해류가 유입되면 해빙의 아랫부분이 녹아내리고, 외부에 노출된 해빙의 표면은 슬러시처럼 녹아내린다. 해빙을 덮고 있던 눈이 녹으면 표면이 더 어두워지고, 어두워진 표면이 더 많은 열을 흡수하면서 얼음은 더 빠르게 녹는 악순환이 시작된다.

이누이트 사냥꾼들이 전해준 대로 평소 북극의 4월과는 다르게 표면이 슬러시 상태가 된 얼음이 몇 차례 발견되었다. 이는 얼음이 녹기 시작했고 언제든 깨질 수 있다는 신호였다. 걱정할 수밖에 없는 상황이었다. 모험의 첫 단계는 그린란드 해안을 따라 스키를 타고 이동하는 것이었지만 그린란드의 날씨가 도와주지 않았다. 우리는 얼음이 녹아내리는 북극을 안전하게 빠져나오기 위해 다양한 방법을 동원했다. 그 과정에서, 지금 생각해도 너무 끔찍한 큰 사고를 겪고 말았다.

맑고 바람이 불지 않는, 북극의 기온이 -15℃까지 올라간 어느 날이었다. 롭과 나는 각자 개 썰매를 타고 이동 중이었다. 개 썰매를 타면서부터는 안전하게 이동하기가 더 어려워졌다. 썰매는 너무 무거워서 사람이 쉽게 조작할 수 없기 때문에 추진력을 위해 십여 마리의 썰매견의 힘에 의존한다. 여러 마리의 개가 동시에 일사불란하게 움직이도록 하는 것은 말처럼 쉬운 일이 아니다. 가장 선두에서 썰매를 끌어주는 개들은 뒤에서 무슨 일이 일어나는지 알지 못하고 나아간다. 만약 썰매가 가라앉으면 썰매를 끌어주던 모든 개가 함께 빠지게 된다. 모두가 차가운 바닷물에 젖은 채로 고립될 수 있기 때문에 긴장을 늦출 수 없었다. 말 그대로 살얼음판 위를 개와 함께 달리는 상황이었다.

사실 그날 아침 일찍 출발할 때부터 얼음의 질감이 조금 걱정스

러웠다. 올라간 기온으로 인해 얼음 표면이 녹으면서 쌓인 얇은 슬러시 같은 층 때문에 썰매가 앞으로 나아가는 도중에 계속 미끄러지는 것을 느꼈기 때문이다.

약간 거친 얼음 구간을 건너던 중, 썰매 위에 올려둔 롭의 장갑 중 한 짝이 얼음 위로 떨어졌다. 잠시 후 장갑이 사라진 것을 알아차린 롭은 썰매를 멈추고 내려서 다시 걸어가 장갑을 주우려고 했다. 롭이 장갑을 줍기 위해 허리를 굽히는 순간, 발밑 얼음이 부서졌다. 설상가상으로 물에 빠지는 도중에 딱딱한 얼음에 머리를 부딪쳐 의식을 잃은 롭은 순식간에 북극해로 빨려 들어갔다.

나는 수백 미터 떨어진 곳에서 이 끔찍한 일이 벌어지는 것을 목격했다. 최대한 빨리 그에게 가야만 했다. 부서진 해빙이 나까지 집어삼키지 않기를 바라며 최대한 조심스러운 발걸음으로 롭을 향해 달려갔다. 체온 유지를 위해 입었던 무거운 옷의 무게를 버티면서 도착하기까지 3~4분은 걸렸다. 롭의 이름을 불렀지만 대답이 없었다.

나는 일단 몸을 쭉 뻗은 채로 얇은 얼음 위에 누워 체중을 분산시킨 다음, 롭의 후드와 겨드랑이를 잡고 천천히 그를 물 밖으로 끌어올렸다. 두꺼운 옷이 흠뻑 젖어 롭의 체중보다 훨씬 무거웠다. 사투 끝에 그를 꺼내 얼음 위에 눕혔을 때 롭의 얼굴은 파랗게 변하기 시작했고 나는 시간이 얼마 남지 않았다는 것을 직감했다. 더 이상 체온을 빼앗기지 않도록 차가운 바닷물에 젖은 그의 옷을 모두 벗겼다. 썰매에서 침낭을 가져와 롭을 침낭 속에 넣고 내 체온을 나누기 위해 올라탔다. 우리와 함께 여행하던 두 명의 이누이트 사냥꾼은 재빨리 롭의 개 썰매 뒤에 임시 텐트를 치고 난로에 불을 붙였다. 우리는 번갈아 가며 롭을 안아주고 손과 발을 마사지하며 그의 이름을 계속 불렀다. 하지만 대답은 들리지 않았다.

무려 18년 전의 일이다. 그때도 이미 북극은 녹고 있었다. 지금의 북극은 훨씬 더 심각한 위기에 직면했다. 북극의 얼음이 사라지고 있다는 뉴스는 사람들에게 더 이상 놀랍지도 않은 수준이다. '아니, 북극이 이렇게나 많이 녹고 있다고?'가 아니라 '아, 북극이 또 녹았나 보네.' 정도인지도 모르겠다.

지금 북극은 말 그대로 '살얼음판'에 가깝다. 수십 년 안에 북극 얼음이 다 사라진다는 주장도 이제는 과장이 아니다. 인류 문명이 누리던 아름다운 날씨는 지구가 스스로 에너지 균형을 맞춰온 덕분이었다. 태양에서 쏟아지는 에너지를 극지방의 차가운 얼음이 식혀주고, 바람과 해류를 통해서 지구 전체 온도의 균형을 유지한다. 이 이상적인 균형은 인간이 내뿜은 온실가스 때문에 처참하게 깨졌다. 그리고 마침내 지구가 스스로 균형을 맞출 수 없는 지점까지 몰아붙여 되돌리기 힘든 지경에 이르렀다.

북극 증폭, 재앙은 시작되었다

북극 지역의 기온 상승은 전 지구의 평균 온도가 상승하는 속도보다 최소 두 배에서 네 배* 빠르게 진행되고 있다.[1] 과학자들은 이 현상을 북극 증폭arctic amplification이라고 한다. 여러 가지 복합적인 원인으로 발생하지만, 수증기량 증가와 낮아진 알베도(태양에너지를 반사하는 정도)가 주요 원인이다.[2]

1 북극 지방 기온이 높아지면 대기 중으로 증발하는 수증기가 많아지는데 수증기 자체가 온실효과를 유발해 북극 온도 상승에 기여한다. (추운 겨울 집 안에 가습기를 켜면 실내 온도가 좀 더 따뜻해지는 원리와 같다.)

2 북극의 습한 공기가 이동하다가 조금 더 차가운 공기를 만나면 비나 눈이 되는데 이 과정에서 또 한 번 열을 방출한다. (기체가 액체나 고체로 변할 때는 에너지를 방출한다.)

3 북극 기온이 상승하면서 북극의 눈이 녹을수록 알베도가 낮아져서 더 많은 태양에너지가 북극으로 흡수되고 온도가 더욱 상승한다.

---

* 기존 연구에선 북극 기온 상승이 다른 지역에 비해 두세 배 빠른 것으로 알려졌지만, 2022년 핀란드 기상연구소 연구에 따르면 네 배가량 빠른 것으로 나타났다.

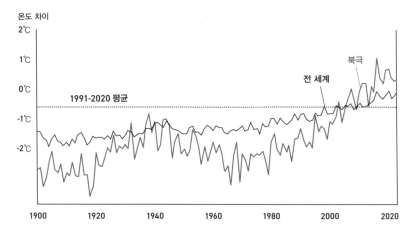

온도 차이

2℃

1℃

0℃

1991-2020 평균

-1℃

-2℃

전 세계

북극

1900   1920   1940   1960   1980   2000   2020

● 이 그래프는 북극이 지구 전체보다 더 빠른 속도로 온난화하고 있으며, 특히 2000년대 이후 그 차이가 크게 벌어졌다는 사실을 보여준다. 이것이 바로 '북극 증폭'이라는 현상이다.

위와 같은 다양한 작용들이 북극 지역에서 동시에 발생하면서 해류의 흐름, 북극 소용돌이 약화, 제트기류 약화 등등 다양한 변수가 복합적으로 작용한 결과 북극 기온 상승이 빨라지게 된다. 이러한 북극 증폭은 2000년대 이후에 더욱 가속화되고 있다.

북극의 얼음이 녹고 있다는 건 생각보다 매우 심각한 일이다. 도대체 북극에서 무슨 일이 일어나고 있는 것일까. 북극의 상황을 이해하기 위해선 북극 얼음의 다수를 차지하고 있는 북극 해빙을 살펴보는 것이 도움이 된다. 위성 사진을 보면 북극 해빙이 얼마나 압도적으로 줄어들고 있는지 한눈에 파악할 수 있다.

52쪽의 두 그림은 위성으로 본 3월의 북극 해빙 분포도다. 북극

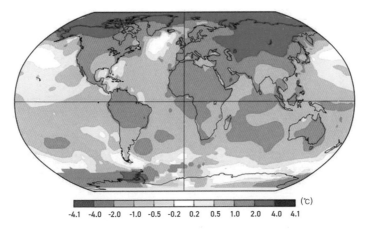

(℃)

-4.1 -4.0 -2.0 -1.0 -0.5 -0.2 0.2 0.5 1.0 2.0 4.0 4.1

● 1951년부터 2017년까지 전 세계 육지와 바다의 표면 온도가 얼마나 변했는지를 나타낸 지도다. 지구 대부분 지역에서 평균 온도가 상승했으며, 그중에서도 북극 등 고위도 지역이 두드러지게 많이 따뜻해졌다는 사실을 알 수 있다.

도 여름과 겨울로 계절이 나뉜다. 보통 3월이 해빙 면적이 최대로 나타나는 겨울 최대 면적이고 9월이 해빙 면적이 최소로 나타나는 여름 최소 면적이다.[3] 즉 다음 두 그림이 해빙이 가장 많은 북극 겨울의 해빙 분포를 보여주는 자료라고 할 수 있는데 한눈에 봐도 전과 비교해 얼음이 확연히 줄어든 것을 알 수 있다. 하지만 우리가 유심히 봐야 할 부분은 오래된 얼음인 다년빙과 겨울에만 얼어있는 단년빙의 면적이다. 그림의 흰색 부분은 4년 이상인 다년빙을 나타내고, 가장 어두운 파란색 부분은 1년 이하의 단년빙을 뜻한다.

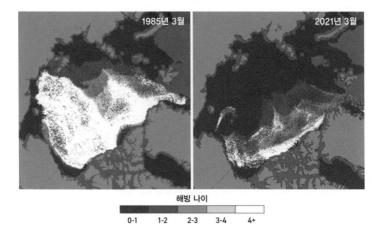

해빙 나이

| 0-1 | 1-2 | 2-3 | 3-4 | 4+ |

● 1985년과 2021년의 북극 해빙 '나이'를 비교한 지도다. 진한 파란색은 '1년 이하의 어린 얼음', 흰색은 '4년 이상 된 오래된 얼음'을 뜻한다. 결국 북극해에서 두껍고 단단한 얼음인 다년빙이 사라지고, 대부분 매년 녹았다 얼어붙는 얇은 얼음으로 바뀌고 있다는 뜻이다.

북극 바다의 해빙은 기온이 상승하는 여름에는 녹았다가 겨울이 오면 다시 얼기를 반복한다. 1년 이하의 단년빙, 즉 어린 얼음은 여름이 되면 완전히 녹았다가 겨울이 되면 그때만 다시 언다. 단년빙은 여름에 거의 다 녹아내리기 때문에 동일한 면적 그대로 겨울에 얼기가 힘들다. 하지만 2년 이상의 다년빙은 여름이 되어도 전부 녹아내리지 않고, 어느 정도의 두께와 면적을 유지한다. 여름이 되어도 녹지 않는 다년빙이 많아야 북극이 북극으로서 역할을 해낼 수 있다.

약 40년 전만 해도 북극해에는 단년빙보다 다년빙이 훨씬 더 많

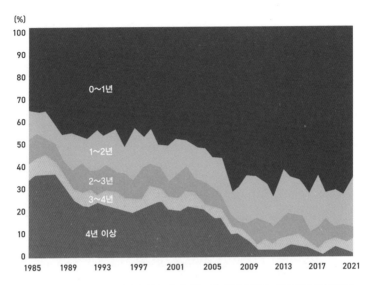

(%)

100
90
80
70
60
50
40
30
20
10
0

0~1년

1~2년

2~3년

3~4년

4년 이상

1985 1989 1993 1997 2001 2005 2009 2013 2017 2021

● 1985년~2022년 겨울 최대 면적 기간의 북극해 내 해빙 연령 비율을 보여주는 그래프이다. 2년 이상 다년빙의 비율이 확연히 줄어들었다. 이는 북극이 지구의 온도를 조절하는 역할을 더 이상 해내기 어려워졌음을 보여준다.

왔다. 여름 최소 면적 기간에도 얼음이 다 녹지 않았고 4년 이상 얼어있던 다년빙의 면적도 넓었다. 하지만 최근 들어 다년빙은 사실상 소멸 상태다. 북극해의 절반 이상은 여름에 완전히 녹아버리는 단년빙으로 구성되고 있다. 오래된 얼음들이 더는 버티지 못하고 많이 녹아내렸다.

다년빙이 사라지는 건 북극뿐 아니라 지구 전체에도 치명적이다. 다년빙 면적이 급격하게 줄어든 2000년대부터 북극 여름의 기온은 최고 기록을 경신하면서 빠르게 상승하고 있다. 북극 여름

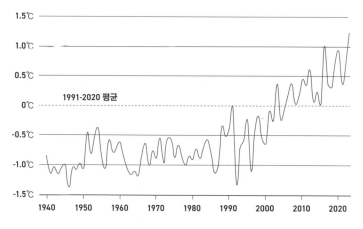

● 1991~2020년 평균 기온을 기준으로 북극의 여름 최고 기온의 기록이다. 2000년대에 들어 기온이 급격하게 상승하면서 1991년~2020년 평균 기온보다 1℃ 이상 높아졌다.

평균 기온은 얼음이 녹기 시작하는 0도까지 올랐고, 심지어 2023년 여름 평균 기온은 6.4℃까지 올라가며 관측 이래 최고 온도를 기록했다.

다년빙은 1년 내내 녹지 않고 지구를 식히는 역할을 하지만, 단년빙은 여름에 녹아버리기 때문에 이러한 역할을 효과적으로 수행하지 못한다. 다년빙의 가장 중요한 역할 중 하나는 높은 알베도를 유지하며 태양에너지를 반사해 기온 상승을 막는 것이다. 알베도 값은 표면이 하얀색에 가까울수록 높아진다.

알베도는 표면의 반사율을 측정하는 지표로, 어두운 바다에서 만년설까지 지구상의 다양한 표면이 태양에너지를 어느 정도로

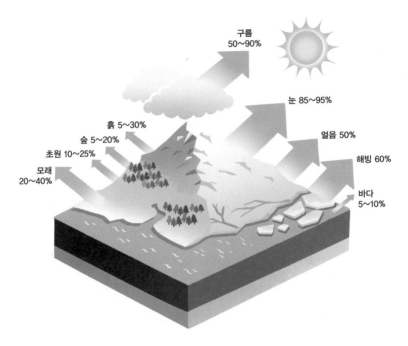

구름
50~90%

눈 85~95%

흙 5~30%

숲 5~20%

얼음 50%

초원 10~25%

해빙 60%

모래
20~40%

바다
5~10%

● 알베도란 어떤 표면이 태양복사에너지를 얼마나 반사하는지를 나타내는 '반사율' 지표다. 하얀색·밝은색 표면일수록 알베도가 높아 태양에너지를 많이 반사하고, 어두운 표면은 대부분의 에너지를 흡수해 알베도가 낮다.

반사하는지 살펴볼 수 있다. 표면에 입사되는 에너지와 반사되는 에너지의 비율로 계산할 수 있는데, 보통 0~100퍼센트로 그 값을 나타낸다. 알베도 값이 높은 표면은 지구에 도달한 태양에너지 대부분을 반사하여 지구 온도 상승을 억제하는 기능을 한다. 반대로 알베도가 낮은 표면은 태양에너지를 흡수하여 지구 온도 상승에 기여한다.

지구상에서 '깨끗한 눈'만큼 알베도 값이 높은 표면은 거의 없다. 깨끗한 눈으로 덮인 표면은 지구로 들어온 태양에너지의 약 80~90퍼센트를 우주로 반사할 수 있다. 다시 말하면 극지방 대륙 빙이나 해빙, 히말라야산맥이나 알프스산맥의 눈 덮인 지역은 '하얀 방패'처럼 태양에너지의 대부분을 반사하여 지구 가열로부터 지구를 보호하는 역할을 한다.

다년빙은 여름철에도 얼어있기 때문에 북극해 표면에 하얗게 자리 잡아 높은 알베도 값을 유지하고 태양에너지를 반사시켜 북극으로 태양에너지가 들어오는 것을 막아준다. 반면 단년빙은 여름에 녹아 바다가 되어버린다. 바다 표면은 태양에너지를 많아야 10퍼센트 정도 반사하기 때문에 다년빙에 비하면 태양에너지를 거의 다 흡수하는 것이나 마찬가지라고 볼 수 있다. 단년빙이 녹아버린 바다가 태양에너지를 더 흡수하면서 북극 기온 상승은 가속화된다.

문제는 북극뿐만 아니라 전 지구적으로 지구 온도 상승을 억제하는 이 하얀 방패가 점점 줄어들고 있다는 점이다. 하얀 방패가 녹아내리면 태양에너지를 반사시키는 비율이 줄어들고, 더 많은 열을 흡수하면서 지구 온도 상승을 증폭하는 효과가 나타난다. 그렇게 지구 온도가 상승하면 북극, 히말라야산맥, 알프스산맥 등에 오랫동안 쌓였던 눈과 얼음이 다시 녹아내리면서 물이 되어 땅과 바다가 드러나고 색이 점점 어두워져 알베도가 더욱 낮아진다. 악순환이 반복되는 건데 이 작용은 가속화되기 때문에 2000년대 이후 북극 기온이 걷잡을 수 없이 치솟고 있다.

한편 다년빙은 염분 농도에 따른 해류 흐름 형성과 탄소 격리 역할을 수행한다.[4] 해빙이 오래될수록 소금 농도는 낮아진다. 해빙이 얼 때 바닷물의 염분은 얼음 사이에 결정처럼 갇혀서 매우 짠 얼음이 된다. 그러나 여름에 살짝 녹았다가 겨울에 다시 꽝꽝 어는 과정을 반복하면서 다년빙이 되면 얼음 안에 갇혀있던 소금물이 밖으로 밀려난다. 4년 이상 된 다년빙은 염분이 거의 없는 상태가 된다.

다년빙에서 빠져나온 염분은 해빙의 아래에서 밀도 높은 바닷물을 형성하는데, 이 밀도 높은 바닷물이 심해로 내려가면서 바다가 머금고 있는 탄소를 함께 가지고 가라앉는다. 이때 표층수와 심해수가 섞이며 해류를 형성하고 바닷물의 순환을 만들어낸다. 이 과정은 지구 전체의 에너지 균형 측면에서 아주 중요한 역할을 한다. 다년빙이 녹아 없어지면 이 과정도 사라지면서 균형이 깨진다.

또한 단년빙에 비해 더 두껍고 단단한 다년빙은 북극곰, 바다코끼리, 바다표범과 같은 북극 동물의 서식지이기도 하다. 다년빙의 면적이 줄어들면서 남은 얼음을 찾는 동물들의 경쟁은 치열해지고 있다. 좁은 면적의 얼음을 여러 종의 동물이 뒤섞여 사용하면 다년빙은 점점 더 빨리 녹게 된다. 두꺼운 다년빙이 녹아내리면서 얇아지면 강한 바람이나 파도에도 쉽게 부서지고 북극해의 파도에도 쉽게 밀려난다.[5] 이러한 악순환으로 인해 이미 1990년대 초와 2005~2007년, 그린란드와 스발바르 제도 사이의 프람해협에서 수년에 걸쳐 많은 양의 다년빙이 유실된 사례도 있다.[6] 당시 특정 시기에 잠시 발생한 특별한 에피소드처럼 여겨졌던 다년빙 유실 사태는 이제 걷잡을 수 없는 흐름이 되었다.

인간도 동물도 물러설 곳이 없다

롭은 다행히 북극해에 빠지는 끔찍한 추락 사고에서 살아남았다. 우리가 그의 몸에 온기를 불어넣자 그는 천천히 의식을 되찾았고 구조대의 도움을 받아 병원에서 치료를 받을 수 있었다. 몇 주 후 우리는 탐험을 다시 시작했다. 출발지에서 모험이 끝나버릴 뻔한 위기를 극복하고 롭이 빠졌던 그 차가운 북극 바다를 항해하며 북미로 향했다. 추락 사고로 인해 큰 정신적 충격을 받았지만, 다행히 또 다른 땅을 향해 우리 모험의 다음 단계로 나아갈 수 있었다.

하지만 녹아내리는 땅 그린란드에는 여전히 그곳을 터전으로 삼고 살아가는, 우리의 모험을 도와주고 롭을 살려줬던 이누이트들이 남아있다. 우리에겐 그 사고가 탐험 여정에서 겪은 하나의 에피소드지만 그들에겐 치열하고 처절한 생존의 문제다. 이누이트들이 직면한 현실은 우리 모험의 여정처럼 희망적이지 않다. 수 세기 동안 그들의 삶을 지탱하던 그린란드 북부의 생태계는 아주 빠르게 무너지는 중이다.

매년 봄에는 얼음이 점점 더 빨리 녹고 가을에는 점점 더 늦게 얼기 때문에 개 썰매로 사냥할 수 있는 기간이 계속해서 줄어들고 있다. 얼음이 얇아지고 약해질수록 이누이트가 이동하면서 감수해야 하는 위험은 점점 더 커진다. 썰매가 진흙에 빠져 의도치 않은 지역에 발이 묶이거나 최악의 경우 빙하가 깨져 썰매와 함께 바다로 가라앉을 수도 있다. 북극 해빙이 얇아지고 녹아내리는 것은 사냥꾼들의 전통적인 생존 방식에 매우 치명적인 위협이 된다.

이누이트뿐만 아니라 이 지역에 서식하는 야생동물에게도 기후 변화는 재앙이다. 얼음 위에서 바다표범을 잡도록 진화한 북극곰은 이제 육지에서 사냥을 해야 한다. 빙하가 녹으면서 바다코끼리와 바다표범의 '육상' 서식지 자체가 줄어들고 있다. 북극을 가로질러 북극과 북극 대륙을 잇는 이동 경로가 점차 사라지고 있다. 사람도 동물도 설 땅이 줄어든다. 다른 어느 지역보다 북극 기온 상승이 가속화되면서 여름이 되면 북극의 얼음은 다 녹아버리게 될 수도 있다.

지금 북극의 얼음들은 전 지구에서 가장 빠르게, 가장 깊숙하게 바닷속으로 빠져들고 있다. 이 위기는 북극곰과 이누이트만의 위기가 아니다. 북극이 녹아내리는 동안 지구 곳곳에서 살아가는 인류 모두의 생존에도 심각한 빨간불이 켜졌다.

알베도 효과

태양으로부터 투사된 빛은 지구의 대기나 지면에서 일부 흡수되고, 나머지는 산란이나 반사를 거쳐 여러 방향으로 나아간다. 이때 나아가는 빛의 총량을 투사된 빛의 세기로 나눈 수치가 바로 알베도다. 그리고 햇빛을 반사하는 정도의 많고 적음, 즉 알베도에 따라 발생하는 다양한 유형의 기온 변화를 알베도 효과로 통칭한다.

눈이나 얼음으로 지표면이 뒤덮여 밝은색을 띠는 경우 높은 알베도를 가지며 더 많은 태양에너지를 반사하고, 바다나 숲처럼 어두운 표면은 낮은 알베도를 가지며 태양에너지를 흡수한다. 눈이 내리면 기온이 다소 높다가 눈이 내린 뒤에는 기온이 급강하하는 현상도 알베도 효과에 의한 것이다. 지표면에 덮인 하얀 눈이 태양에너지를 흡수하지 못하고 그대로 반사시켜 지표면의 온도가 떨어지는 것이기 때문이다.

알베도는 지구의 에너지 균형에 직접적인 영향을 미친다. 극지방의 얼음이 녹으면 반사율이 감소하고 더 많은 에너지가 흡수되어 온난화를 가속화한다. 이 현상은 양의 되먹임 효과를 일으켜 기후위기를 초래한다.

CHAPTER 2

차갑고 뜨거운 바다가 남긴 것

엘니뇨와 라니냐 사이의 순환

바다라는 지구의 거대한 물방울이 빠르게 뜨거워지고 있다. 우리가 상상하는 것 이상으로 말이다. 바다는 지구 대기의 온도를 안정적으로 유지하는 데 도움을 주는 거대한 에너지 흡수원이다. 그러나 기후변화의 영향으로 지구에 축적된 열에너지의 약 90퍼센트가 바다에 흡수되면서 바다가 더 이상 버틸 수 없는 한계점에 가까워지고 있다.

1955년 이후 지구의 바다는 372제타줄(ZJ) 이상의 에너지를 흡수한 것으로 추정되며,[1] 이 수치는 매년 약 14제타줄씩 증가하고 있다.[2] 제타는 10의 21제곱을 의미하므로 제타줄은 1,000,000,000,000,000,000,000줄(J)이다. 1줄은 1뉴턴(N)의 힘으로 물체를 1미터 옮기는 힘이다. 1줄을 쉽게 설명하자면 100그램짜리 토마토를 1미터 들어 올리는 데 필요한 에너지의 양 정도로 비유할 수 있다.

2022년 전 세계 인류의 연간 총에너지 소비량은 약 0.64제타줄이며,[3] 이 중 화석연료 연소로 인한 에너지 소비량은 연간 약 0.49제타줄이다.[4] 즉, 매년 14제타줄의 에너지가 바다에 더 흡수된다는 것은 우리가 화석연료에서 얻는 에너지의 거의 30배에 달하는 에너지가 지구의 바다를 이전보다 더 뜨겁게 데우는 데 사용되고 있다는 뜻이다. 세인트 토마스 대학교 공대 교수인 존 아브라함의 말을 인용하자면, "바다는 365일 24시간 쉬지 않고 매초마다 히로시마 원자폭탄 일곱 개가 터지는 것과 같은 열을 흡수하고 있으며, 이는 매년 2억 2000만 개의 원자폭탄에 해당하는 에너지를 흡수하고 있는 셈"[5]이다.

바다의 층상구조

1초마다 원자폭탄 일곱 개가 터지는 것만큼의 에너지가 바다에 흡수되면 무슨 일이 벌어질까. 바다는 우리가 눈으로 볼 수 있는 것보다 훨씬 더 깊고 거대하다. 밖에서 보면 바다는 욕조 안의 물처럼 동일한 성분의 액체가 일정량 담긴 커다란 물웅덩이라고 생각하기 쉽지만, 사실 바다는 온도, 염분, 화학적 특성 그리고 압력

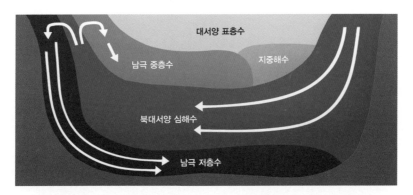

대서양 표층수

남극 중층수

지중해수

북대서양 심해수

남극 저층수

- 대서양의 바닷속 모습을 살펴보면 여러 층으로 나뉘어져 있는 것을 알 수 있다. 온도와 염분에 따라 밀도가 서로 달라 물이 고르게 섞이지 않는다. 무겁고 차가운 층은 바닥에 머물고 따뜻한 층은 해수면에 가까이 존재한다.

차이에 따라 여러 층으로 나뉘어진다. 무거운 바위가 물속으로 깊이 가라앉는 것처럼 밀도가 높은 차가운 물은 바닥에 머무는 경향이 있다. 그렇기 때문에 밀도가 높은 차가운 바닷물(심해수) 위에 밀도가 낮은 따뜻한 바닷물(표층수)이 위치하며, 심해수와 표층수가 섞이는 일은 제한적이다. 물론 바람, 해류, 해저지형(바다 밑의 산맥) 등에 의해 특정 지역과 지층 사이에서 서로 다른 바닷물이 퍼지거나 섞이기도 한다. 하지만 대부분의 경우 바다는 기름이 물 위에 떠있는 것처럼 서로 다른 성격을 가진 액체가 한 곳에서 섞이지 않은 채 각자의 특성으로 존재한다.

바다의 표층은 수심 약 200미터까지 뻗어있으며, 이를 표해수층epipelagic zone이라고 한다. 표해수층에서는 바람과 파도가 규칙적

차갑고 뜨거운 바다가 남긴 것   67

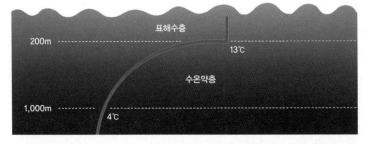

● 깊이에 따라 수온이 달라지는 해수층을 수온약층이라고 부른다. 해수의 상층 200미터는 태양에너지를 받아 가열되고 대기로 열 전달이 일어나 큰 온도 변화를 보인다. 하지만 200미터 이하에서는 수심이 깊어질수록 수온이 점차 낮아진다. 1,000미터 이하에서 해수 온도는 위치에 관계없이 일반적으로 4℃ 정도이다.

으로 혼합되고 햇빛이 이 구역을 투과하여 물을 따뜻하게 하기 때문에 수온이 비교적 일정하게 유지된다. 따뜻한 적도 해역과 차가운 극지방 해역 사이의 수온 차이도 대부분 이 최상층에서 나타난다.

200~1,000미터 사이에 위치한 다음 층에는 소량의 햇빛만 투과하는데, 깊이에 따라 수온이 급격하게 변하는 수온약층thermocline 이 포함되어있다. 200미터 이하에서는 표층에서 벌어지는 바람, 햇빛 등 변수의 영향력이 줄면서 바닷물의 혼합이 덜 일어나고 어두워지기 때문에 수심이 깊어질수록 수온이 점점 더 차가워진다.

1,000미터 이하로 내려가면 전 세계 어디를 가든지 비교적 일정한 4℃의 온도를 유지한다. 1,000~4,000미터 사이의 층을 점심해수층bathypelagic zone(bathys는 그리스어로 deep을 의미하는 깊다는 뜻이

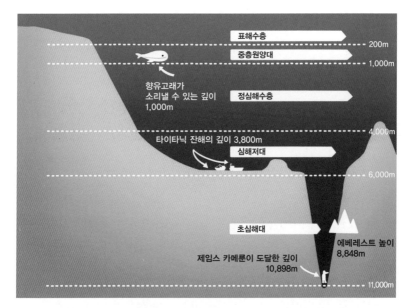

표해수층 200m
중층원양대 1,000m

향유고래가
소리낼 수 있는 깊이
1,000m

정심해수층

타이타닉 잔해의 깊이 3,800m 4,000m
심해저대

.... 6,000m

초심해대

제임스 카메룬이 도달한 깊이
10,898m

에베레스트 높이
8,848m

.... 11,000m

- 해저에도 육지와 마찬가지로 평지와 산, 계곡이 존재한다. 하지만 기후변화로 인해 해양에 흡수된 열의 대부분은 해수면 근처에 저장되어있다. 흡수된 열의 60퍼센트는 해수면으로부터 700미터 안쪽에 저장되어있고, 700~2,000미터 사이에 30퍼센트 더 저장되어있으며, 나머지 10퍼센트만이 2,000미터 이하에 도달한다.

다)이라고 하며, 완전한 어둠 속에 존재한다. 표층 해수면 온도와 1,000미터 이하 심층 해수 온도 차이는 열대지방에서 가장 크고 극지방 근처에서 가장 작다. 즉 바닷속 수온의 차이는 여름에 커지고 겨울에는 작아진다는 것을 알 수 있다. 물론 이보다 더 깊은 바다인 4,000미터 이하로 내려가면 극한의 기압으로 수온이 영하보다 약간 높다.

해양이 이렇게 여러 층으로 이루어졌다는 것은 해양에서 발생하는 대부분의 열이 해수면 근처에서 생겨나고 심해로의 열전달은 훨씬 더 긴 시간에 걸쳐 일어난다는 것을 의미한다.

1955년 이후 해양이 흡수한 열의 60퍼센트 이상이 해수면으로부터 700미터 안쪽에 저장되어있다.[6] 나머지 30퍼센트는 700~2,000미터 사이에 저장되며, 나머지 10퍼센트는 이보다 깊은 수심에서 흡수된다. 바다가 뜨거워진 지구의 열을 흡수하는 것은 지구 대기의 온난화를 완화하는 데 큰 도움이 되지만, 그렇다고 해서 지구온난화로 인한 악영향이 모두 상쇄되는 것은 아니다. 바다가 빠르게 데워지면서 바닷속 생태계와 해류가 요동치고 있다. 또한 지금까지 바다가 흡수한 열은 결국 어떤 형태로든 대기로 다시 방출되므로 영원히 저장된 것으로 볼 수도 없다. 뜨거워진 지구의 열이 잠시 바닷속에 머무는 것뿐이다. 우리는 언제 터질지 모르는 거대한 시한폭탄이 수면 아래에서 재깍거리고 있다는 것을 명심해야 한다.

엘니뇨-남방진동

대기와 해양은 물 순환, 탄소 순환 등 지구의 다양한 순환을 통

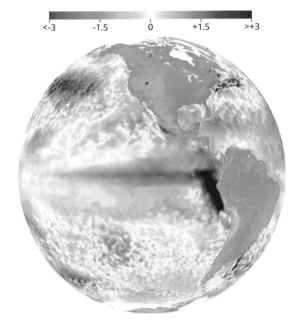

● 2023년의 엘니뇨 현상을 보여주는 지구의 모습이다. 중립이나 라니냐 상태일 때는 보통 강한 무역풍이 열대 지역의 동쪽에서 서쪽으로 불면서 따뜻한 물을 남아메리카 해안에서 밀어내 영양이 풍부한 차가운 해수가 그 자리를 채울 수 있게 한다. 이 과정은 열대 태평양의 해수면 온도를 차갑게 유지시키는 역할을 한다. 그러나 엘니뇨가 발생하면 무역풍이 약해지고 따뜻한 표층수가 남아메리카 해안으로 몰려 냉각 효과 대신 대기 중으로 열을 방출하면서 기온이 상승한다.

해 끊임없이 상호작용을 하며 에너지를 주고받는다. 해양과 대기 사이의 열전달 과정이 지구 기후에 얼마나 큰 영향을 미치는지 보여주는 좋은 예는 엘니뇨-남방진동El Niño-Southern Oscillation, ENSO이다.

　ENSO는 중립, 엘니뇨, 라니냐 상태로 구분되는 자연 기후 현상으로 적도 태평양에서의 무역풍 세기와 방향, 해수면 온도를 설명

중립

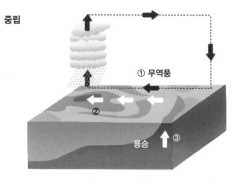

① 무역풍
②
용승 ③

엘니뇨 발생 시

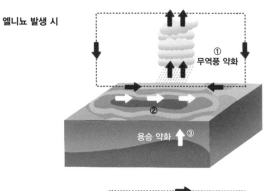

① 무역풍 약화
②
용승 약화 ③

라니냐 발생 시

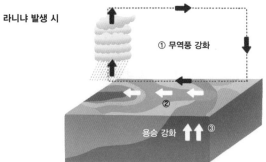

① 무역풍 강화
②
용승 강화 ③

● 중립·엘니뇨·라니냐 현상 시 태평양 모식도를 그린 그림이다. 해양과 대기 순환은 상호작용하며 수온과 기온에 서로 영향을 미친다.

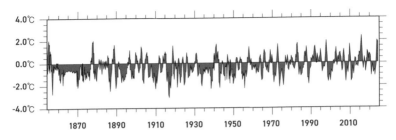

4.0℃
2.0℃
0.0℃
-2.0℃
-4.0℃

1870 1890 1910 1930 1950 1970 1990 2010

● 니뇨(Niño) 3.4 구역은 엘니뇨와 라니냐를 정의하거나 추적할 때 주로 사용되는 태평양 적도 해역 구분 중 하나로 엘니뇨·라니냐 상태를 확인할 때 '니뇨 3.4 구역'의 해수면 온도 편차(평년 대비 얼마나 더 따뜻 하거나 차가운지)를 기준으로 측정하는 일이 일반적이다. 파란색인 음수 값은 라니냐가 발생한 해이고, 빨간색인 양수 값은 엘니뇨가 발생한 해를 나타낸다.

한다. 17세기 남미의 어부들은 몇 년 동안 남미 서해안의 바다가 평소보다 훨씬 따뜻해졌고, 이로 인해 어획량이 감소하고 강우량 이 증가한다는 사실을 발견했다. 일반적으로 이 현상은 크리스마 스와 가까운 12월에 절정에 달하며 가장 두드러지게 나타났기 때 문에 스페인어로 '성탄의 소년' 또는 '그리스도 아이'를 뜻하는 '엘 니뇨 데 나비다(El Niño de Navidad'라고 불렀다. 그 이후에 명명된 라니냐 La Niña는 '소녀'라는 뜻으로 엘니뇨와 정반대의 상태를 나타내며 남 미 연안의 차가운 바다 상태를 나타낸다.

ENSO는 2년에서 7년 주기로 불규칙하게 해수면 온도가 상승 하는 엘니뇨와 하강하는 라니냐 상태를 오가는 자연 현상이다. 엘니뇨, 라니냐가 모두 발생하지 않은 상태는 '중립'이라고도 한다. ENSO는 현상이 발생하는 원인이나 시기를 정확하게 밝히기 어려운 복합적인 지구 작용이다. 해수면의 온도나 기압과 밀접한 관련이 있는데 과학자들은 지구가 에너지 균형을 맞추기 위해서 스스로 일으키는 현상이라고 설명하기도 한다.

중립 상태에서는 무역풍이 열대 태평양을 가로질러 동쪽에서 서쪽으로 불면서 따뜻한 표층수를 호주 북부와 파푸아뉴기니 쪽으로 밀어낸다. 남미 연안에서 표층수가 밀려나면서 표층수 아래에 있던 깊은 층의 물이 상승하고 영양분과 차가운 물을 수면으로 끌어올려 많은 해양 생물이 먹이를 찾아 이곳에 온다.

하지만 엘니뇨가 발생하는 해에는 무역풍이 약해지고 따뜻한 표층수가 열대 태평양을 덮기 때문에 따뜻한 수온약층의 두께가 증가하며 열수층이 더 깊게 퍼진다. 이는 더 차갑고 영양분이 풍부한 심해수의 상승이 감소하거나 중단된다는 것을 의미한다. 반대로 라니냐가 발생하면 무역풍이 강화되어 따뜻한 표층수가 호주 쪽으로 더 밀려나고 남미 연안의 깊은 수온약층에서 차가운 물이 올라오는 용승 현상이 강화된다.

ENSO의 가장 두드러진 징후는 열대 태평양에서 볼 수 있지만, ENSO는 지구상의 기후 현상과 연결되어있다. 강력한 엘니뇨 또는 라니냐 현상은 유럽과 아프리카에서 중앙아시아와 동아시아에 이르기까지 전 세계적으로 눈에 띄는 기후변화와 일치하여 지역마다 더 따뜻하거나 추워지고 건조하거나 습해지는 현상을 경험

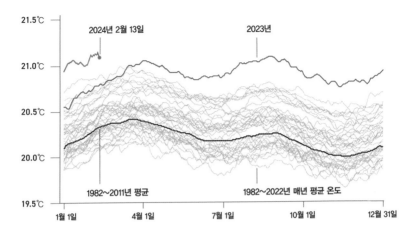

● 2024년 2월 13일까지의 해수면 온도 변화를 나타낸 그래프로 엘니뇨 현상이 비교적 강했던 2023년과 2024년에 전 세계의 해수면 온도는 기록상 가장 뜨거웠다.

하게 한다. 즉 ENSO는 전 세계적으로 한 가지 유형의 영향을 미치는 것이 아니라 특정 지역에서 발생하는 주요 기후 패턴과의 상호작용에 따라 지역마다 다른 방식으로 영향을 미친다. 그러나 지구 전체에서 평균적으로 볼 때 엘니뇨 현상은 기온 상승과 관련이 있는 반면 라니냐는 기온 하강과 관련이 있다.

강한 라니냐 현상이 발생하면 상승기류가 강해지면서 해수면이 차가워지고, 차가워진 바다는 대기 온도를 조절하여 더 시원하게 유지된다. 바다가 차가워지면 물이 증발하면서 열을 빼앗아가는 증발 냉각이 줄어들고 대기의 움직임을 통해 열이 전달되는 대류

가열도 줄어든다. 한편 엘니뇨가 크게 발생하여 따뜻한 표층수로 바다를 덮으면 더 많은 물이 대기로 증발하여 에너지를 전달하고, 대류의 강화로 습한 공기가 응결되어 구름이 형성되면서 열이 방출된다. 간단히 말해 강한 엘니뇨 현상이 발생하면 열대 태평양이 대기로 많은 양의 에너지를 방출하는 반면, 라니냐 현상이 발생하면 물이 차가워지고 대류 구름이 덜 형성되어 해양이 더 많은 에너지를 흡수한다. 따라서 대기는 더 차갑게 유지되지만 해양온난화는 심화된다.

산호의 무덤

해양온난화는 바다가 향후 대기로 열에너지를 재방출하여 지구 온난화를 심화시킬 수 있는 엄청난 열의 저장소라는 점에서 크게 우려되는 문제다. 또한 해저 및 연안 생태계에 해양 폭염과 급격한 수온 상승을 초래하여 해양 생물에게도 위협이 되고 있다. 해양온난화는 생물의 다양성, 분포 패턴, 행동 등 전반적인 생태계 기능에 중대한 변화를 일으킨다.

해수 온도 상승의 가장 잘 알려진 부작용은 아마도 산호 백화 현상*일 것이다. 바다가 뜨거워지면 방대한 산호초 지역이 밝은색

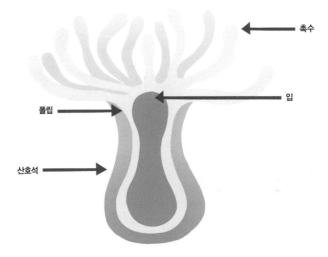

촉수

입

폴립

산호석

● 산호 폴립은 생김새만 보면 작은 관 모양의 개체이지만, 이들이 군체를 이루어 쌓아 올린 석회질 골격은 바닷속에서 거대한 산호초를 형성한다.

의 수중 덤불과 잎이 무수히 많던 아름다운 광경에서 하얀 유령이 사는 해저 도시 같은 모습으로 변한다. 산호 표백은 수온이 평소 여름철 최고 기온보다 1℃만 올라가도 발생할 수 있다. 산호초를 구성하는 개별 종들은 산호초가 형성된 장소의 특성에 따라 생존에 적응하기 때문에 지역마다 산호초가 견딜 수 있는 최고 수온도 모두 다르다. 해당 지역의 최고 수온을 넘긴 채로 수온 상승 기간이 길어질수록 산호초 백화 현상이 더 심하게 일어난다.

---

*   산호의 세포조직 내에 살고 있는 황록공생조류가 빠져나가 산호가 하얀색으로 변하는 현상

● 산호 폴립의 조직 안에는 광합성을 하는 미세조류가 공생한다. 산호가 건강할 때는 공생조류때문에 색이 다채롭게 보이지만, 스트레스(온도 상승 등)로 폴립과 조류가 분리되면 산호가 하얗게 탈색되는 '백화현상'이 일어난다.

산호초의 아름다운 색은 산호 폴립과 미세조류 사이의 공생관계의 결과물이다. 산호 폴립은 조류가 살 수 있는 장소를 제공하고 조류는 들어오는 햇빛을 이용해 이산화탄소와 물을 포도당과 같은 당분과 산소로 광합성하여 생산한 먹이 중 일부를 산호 폴립과 공유하며 살아간다. 폴립 자체는 투명하며 바닷물에서 칼슘을 추출하여 탄산칼슘을 만들어 우리가 산호에서 연상하는 커다란 구조와 복잡한 모양을 천천히 만들어낸다. 이렇게 만들어진 구조물 표면에는 폴립이 서식한다. 두 종 모두 생존을 위해 서로가 서로를 필요로 하도록 진화해왔으며, 이것이 바로 공생의 본

● 해양 폭염이 심화되면서 급격한 수온 변화로 인해 산호초가 하얗게 죽어가는 산호초 백화 현상이 발생하고 있다.

질이다.

그러나 수온이 너무 높아지면 미세조류가 태양복사열을 받아 광합성을 하는 능력에 영향을 미친다. 미세조류는 들어오는 태양 에너지를 모두 활용하여 먹이를 생산하려고 애쓰는 과정에서 자신과 함께 사는 폴립을 손상시킬 수 있는 독소를 생성한다. 이러한 독소로부터 자신을 보호하기 위해 폴립은 형형색색의 해조류를 주변 바다로 배출하고, 하얗게 변한다. 해조류가 없어진 산호초는 하얀 탄산칼슘의 구조물이 된다. 해조류가 사라지면서 산호 폴립은 먹이 공급원을 잃게 되는 것이다. 수온이 빠르게 정상 범위로 떨어지면 산호는 서서히 회복할 수 있지만, 폭염이 장기화되거나 자주 발생하는 곳에서는 먹이가 부족하거나 질병에 대한 감수성이 높아져 죽게 될 수 있다. 만약 산호가 살아남더라도 산호초가 백화 현상으로부터 완전히 회복하는 데는 10년이 걸리기도 한다. 문제는 모든 해양 생물의 4분의 1 이상이 산호초에 의존하는 것으로 추정되며,[7] 산호초는 최소 100만 종에 달하는 해양 생물의 서식지로서 매우 중요한 역할을 할 뿐만 아니라 인류의 식량과 연안 보호 기능을 제공한다는 사실이다. 쉽게 말하면 산호는 바다 생태계를 유지하는 데 있어서 가장 기본이 되는 토대인데, 바다가 뜨거워지면서 이 근본이 무너지고 있다는 뜻이다. 이 파장은 인류를 위협하게 될 것이다.

산호초 백화 현상과 이를 유발하는 해양 폭염은 점점 더 빈번하게 일어나고 있다. 호주 퀸즐랜드 해안을 따라 2,000킬로미터 이상에 걸쳐 백화 현상이 발생하고 있고, 세계 최대 산호초 지대인 그레이트 배리어 리프Great Barrier Reef에서도 대량 백화 현상이 나타난다. 총면적 34만 8000제곱킬로미터로 남한 국토 면적의 3.5배에 달하는 그레이트 배리어 리프는 1998년 처음으로 대량 백화 현상이 기록된 이후 2002년, 2016년, 2017년, 2020년, 2022년, 2024년까지 총 일곱 차례에 걸쳐 대량 백화 현상을 겪었다. 2022년에는 이 지역에 서늘하고 흐린 날씨를 가져오는 라니냐 현상이 처음으로 발생했고, 2024년 2월에는 1,000킬로미터가 넘는 지역에 걸쳐 대량의 백화 현상이 발생했다.

해양 폭염의 빈도와 심각성이 증가함에 따라 2023년 말, 과학 자들은 산호 열 스트레스 모니터에 새로운 심각도 수준을 추가했다. 이는 그해 초 아메리카 대륙의 산호초가 전례 없는 온난화 현상을 경험하면서 이전엔 기록된 적이 없는 수준의 열 스트레스를 받아 산호가 표백되고 죽었기 때문이다.[8] 유엔환경계획United Nations Environment Program, UNEP 보고서에서는 현재 추세에 따르면 2034년까지 매년 심각한 산호초 백화 현상이 발생하고 21세기 말에는 전 세계 모든 산호초가 백화 현상을 겪게 될 것으로 예상했다.[9]

산호초만 해수 온도 상승의 영향을 받는 건 아니다. 해양온난화 는 산호초를 포함해서 전 세계 해양 생물 전체에 영향을 미친다. 2014~2016년 북태평양의 최고 해수 온도는 평균보다 3~6℃나 높았다. 표층수가 따뜻해지면 열수층이 더 깊숙이 밀려나고, 차갑고 영양분이 풍부한 물이 상승하는 것을 막는다. 이 영양분은 해양 먹이 사슬을 지탱하는 식물성 플랑크톤의 성장을 지원하는데, 이 먹이가 없으면 다른 종들은 이동하거나 굶어 죽어야 하며 먹이사 슬 전체에 연쇄적인 영향을 미친다.

이뿐만이 아니다. 1982년 상업 포경이 금지되면서 1,500마리에 서 지속적으로 회복세를 보이던 북태평양의 혹등고래 개체수는

2014~2016년 폭염 기간 동안 당시 개체수의 4분의 1에 해당하는 약 7,000마리가 폐사한 것으로 추산된다.[10] 또한 이 기간 동안의 관찰 결과, 폭염으로 인한 먹이 스트레스 때문에 임신율이 떨어지면서 혹등고래 새끼의 수가 줄어든 것으로도 나타났다. 2021년 해양 폭염 기간 동안 어미 고래는 일반적인 수유기 동안 체중 증가에 어려움을 겪으며 실제로 체중이 감소하고 있는 것으로 보인다는 연구도 있었다.[11] 해안선을 따라 해수 온도와 대기 온도가 상승하면서 2020년과 2021년에는 뉴질랜드[12]와 캐나다의 브리티시컬럼비아[13]로부터 멀리 떨어진 곳에서 수백만 마리의 조개류가 산 채로 익어버린 현상이 목격되기도 했다. 이렇게 세계 곳곳에서 다양한 해양 생물들이 기후변화에 취약하다는 사실이 알려지고 있다.

거대한 이산화탄소 저장고

한편 바다는 열을 흡수하는 것처럼 이산화탄소 흡수원의 역할도 수행한다. 해수층은 이산화탄소를 흡수함으로써 대기 중 높아진 이산화탄소 농도를 조절하는 데 도움을 준다. 대기의 이산화탄소 농도가 증가하면서 바다는 평형을 유지하기 위해 더 많은 이산화탄소를 흡수한다. 해양은 대기보다 60배나 많은 이산화탄소를 보유하고 있으며,[14] 과학적 연구에 따르면 산업혁명 이후 인위적으로 발생한 이산화탄소 배출량의 약 30퍼센트가 전 세계 해양에 흡수된 것으로 추정된다.[15]

해양이 이산화탄소를 흡수하는 데는 두 가지 주요 메커니즘이 있다. 하나는 이산화탄소가 물에 용해되어 물과 화학반응을 일으키는 것이고, 다른 하나는 '생물학적 펌프(혹은 생물학적 탄소 펌프)'로 알려진 것처럼 플랑크톤이라고 불리는 미세한 해양 생물이 광합성을 하면서 이산화탄소를 흡수하는 것이다. 생물학적 펌프는 식물성 플랑크톤이 해양의 표층에서 깊은 수심의 해저로 이동할 때 이산화탄소를 포함해 여러 가지 생물체를 이루는 기초 원소들이 함께 이동하는 것을 말한다. 간단히 설명하자면 전자는 화학적 과정, 후자는 생물학적 과정이다.

화학적 과정은 이산화탄소와 물의 상호작용의 결과로 발생한다. 대기 중 이산화탄소 농도가 증가하면 공기 중의 이산화탄소와 해양의 이산화탄소 사이의 평형이 깨진다. 고농도와 저농도의 물질이 나란히 존재하면 농도가 같아질 때까지 고농도에서 저농도로 이동하게 된다. 이는 물 한 컵에 식용 색소를 한 방울 떨어뜨리면 색소가 서서히 퍼져 물이 모두 하나의 균일한 색조가 되는 것과 같은 이치이다. 이는 우리 몸이 공기 중에서 산소를 흡수하고 이산화탄소를 배출하는 방식이기도 하다. 산소는 공기 중 농도가 높은 곳에서 폐포를 통해 농도가 낮은 혈액으로 이동한 후 우리 몸을 순환하고, 동시에 우리 몸을 순환한 혈액 중 농도가 높은 이산화탄소는 폐포를 통해 공기 중 농도가 낮은 곳으로 이동한다.

현재 대기와 해양은 연간 약 1000억 톤의 탄소를 이산화탄소의 형태로 양방향 교환하고 있다.[16] 대기 중 이산화탄소 농도가 높아질수록 더 많은 양의 이산화탄소가 바다로 이동한다. 바람과 파도로 인해 기포가 물속에 떠다니고 기포의 일부 기체 성분이 물에 용해된다. 탄소는 이산화탄소나 탄산, 중탄산염 또는 탄산염의 세 가지 형태 중 하나로 바다에 저장될 수 있다.

일단 물속에 들어가면 이산화탄소는 물과 반응하여 탄산(H_2CO_3)을 형성한다. 탄산은 물에서 매우 안정적이지 않아서 이산화탄소와 물로 되돌아가거나 수소 원자 하나 또는 두 개를 잃고 중탄산염(HCO_3^-)이나 탄산염(CO_3^{2-})이 될 수 있다. 수소 원자가 분리되면 과량의 수소 원자가 물에 축적될 수 있으며, 수소 농도가 높을수록 수소 원자 한 개가 없는 중탄산염에 비해 수소 원자 두 개가 없는 탄산염이 더 적게 형성된다. 더 많은 이산화탄소가 첨가될수록 더 많은 수소 원자가 물의 수소 이온 농도 지수(pH)를 떨어뜨리고 따라서 물은 더 산성화된다.

바다에는 생물학적 탄소 펌프를 형성하는 작은 플랑크톤에 의해 수백만 년에 걸쳐 바다에 퇴적된 탄산염이 산성도 변화를 완충하는 역할을 한다. 탄산염이 심해에서 잘 섞여있는 표층으로 상승하면서 과잉 수소 원자와 결합하여 중탄산염을 형성하고 해양 산성화를 늦추는 데 도움을 주는 것이다. 그러나 용승은 느린 과정이며, 점점 더 많은 이산화탄소가 바다로 유입됨에 따라 탄산염 공급이 고갈되어 중탄산염이 덜 형성될 수 있다. 따라서 더 많은 이산화탄소가 유입될수록 이산화탄소 또는 탄산의 형태로 남아 해양산성화를 심화시키며, 이는 이산화탄소가 해양에 격리되어 장기간 저장되지 않고 대기로 다시 쉽게 순환된다는 것을 의미한다.

해양산성화는 그 자체로도 심각한 문제로 다양한 해양 생물, 특히 산호, 조개류, 일부 플랑크톤 종과 같이 탄산칼슘 껍질이나 골격을 가진 생물에 부정적인 영향을 미친다. 바다가 산성화되면 탄산염의 농도가 낮아져 칼슘과 탄산염을 결합하여 골격과 껍질을 형성하는 생물이 더 이상 그렇게 할 수 없게 되고, 극단적인 상황에서는 기존 탄산염 구조가 용해될 수 있다. 산업혁명이 시작된 이래 해양의 pH는 약 0.1 단위가 떨어져 현재 8.1로 추정되지만, 이산화탄소 배출 수준이 지금처럼 지속된다면 세기말까지 0.3~0.4 단위가 더 떨어질 수 있다.[17] 이는 탄산염에 의존하는 많은 생물에게 치명적인 결과를 초래할 것이다.[18]

해수면의 표층이 온난화되면 해양이 장기간 탄소를 저장하는 능력이 더욱 약화된다. 앞서 언급했듯이, 표층이 온난화되고 깊어지면 열수층의 경사가 증가하여 표면에서 더 멀리 떨어지게 된다. 그러면 영양분이 풍부한 해양 심층수와 이산화탄소를 보다 안정적인 중탄산염으로 가두는 데 도움이 되는 탄산염의 상승 가능성이 감소하여 산성화에 대한 완충 작용을 하지 못한다. 또한 물의 밀도 차로 층이 분리되는 성층화가 심화되면 표층에서 수백 또는 수천 년 동안 저장될 수 있는 심해로의 중탄산염 이동이 줄어든다. 증가된 탄소 농도를 표층 밖으로 운반할 방법이 없기 때문에 결국 표층 바다는 더 이상 대기에서 이산화탄소를 흡수할 수 없을 정도로 포화 상태가 된다. 이 시점에서 대기 중 이산화탄소의 양과 온실효과는 지구의 평균 기온을 더욱 가파르게 상승시킬 것이다.

성층화가 심화되면 생물학적 탄소 펌프에도 영향을 미친다. 표층 바다에는 광합성을 하는 식물성 플랑크톤이라는 수천 개의 작은 유기체가 포함되어 있다. 지구가 존재한 46억 년 중 첫 22억 년 동안은 대기 중에 호흡할 수 있는 산소가 없었다. 하지만 24억 년 전부터 시아노박테리아로 알려진 식물성 플랑크톤의 일종이 태양에너지를 이용해 물을 수소와 산소로 분리하고 약 5억 년 전에 등장한 육상 생명체와 최초의 식물이 자라기에 충분한 산소를 지구 대기에 채우는 19억 년의 긴 여정을 시작했다. 그 기간 동안 다른 유형의 식물성 플랑크톤은 다른 틈새시장에 특화되도록 진화했으며, 그중 일부는 광합성을 통해 바다에 녹아있는 막대한 양의 이산화탄소를 먹이로 삼아 대기에서 이산화탄소를 제거하고 해양 먹이사슬의 기초를 형성하는 역할을 담당하고 있다. 현재 육안으로는 보이지 않지만 지구의 바다에는 약 10억 톤의 식물성 플랑크톤이 살고 있는 것으로 추정된다.

지구의 남쪽 끝

박사 과정 중에 남극의 작은 섬 사우스조지아로 연구 탐험을 떠난 적이 있다. 남극을 제외하면 지구상에서 가장 남쪽에 위치한 지역이다. 길이 약 170킬로미터, 폭 35킬로미터의 대각선으로 길게 늘어진 이 얼음 땅은 지구상에서 가장 접근하기 어려운 곳 중 하나이다. 섬은 인구 밀도가 낮은 포클랜드 제도의 가장 가까운 마을인 스탠리에서 1,500킬로미터, 남아메리카 본토에서 약 2,000킬로미터 떨어진 곳에 위치하고 있다. 광활한 남극해에 떠있는 사우스조지아는 거의 쉬지 않고 불어오는 거센 바람에 휩쓸려 격렬한 바다를 항해해야만 갈 수 있는 곳이다.

나는 25미터 길이의 탐험용 요트를 타고 5일 동안 거친 파도를 헤치며 항해한 끝에 마침내 이 섬을 발견할 수 있었다. 사우스조지아만이 가진 독특한 풍경은 이 섬의 가장 큰 특징이다. 빙하가 녹아 만들어진 눈 덮인 산등성이가 구름 사이를 뚫고 솟아있다. 빙하가 깎여 만들어진 깊은 피오르*가 해안선을 가로지르며 들쭉날쭉한 실루엣을 만들어낸다. 섬을 휘감는 거센 바람 속에서도 강인하게 살아남은 투삭풀^{tussac grass}이 낮은 경사면을 물들인다. 섬은 위험할 만큼 혹독했지만, 동시에 자연의 힘을 생생하게 보여주는 잊을 수 없는 아름다운 풍경으로 가득 차있었다. 사람들은 이 섬을 지구에서 가장 멀리 떨어진 박물관이라고도 부른다.

사우스조지아에는 수많은 피오르가 있다. 나는 그중에서도 역사상 가장 유명한 생존 이야기를 담고 있는 피오르로 향했다. 어니스트 섀클턴**이 나무 구명정을 개조한 배를 타고 이 거친 바다를 1,300미터 이상 항해한 끝에 도착한 곳이었다. 1915년 11월, 어니스트 섀클턴 탐험대의 배 인듀어런스호는 남극의 얼음에 부딪혀 침몰했고, 섀클턴은 선원들을 구하기 위해 다른 다섯 명과 함께 이 위험한 항해를 떠났으며 500톤급 증기선이 침몰할 정도로 거센 폭풍을 견뎌내고 15일 만에 사우스조지아에 도착했다. 상

---

* 빙하에 깎여서 만들어진 U자형의 골짜기에 바닷물이 들어와 형성된 지형
** Ernest Shackleton, 남극 탐험에서 조난을 당했다가 약 600여 일 만에 대원 전원과 함께 생환한 영국의 전설적인 탐험가

● 남극을 제외하면 지구상에서 가장 남쪽에 위치한 사우스조지아는 자연의 아름다움을 보여주는 곳이다.

류 후 겨울이 시작될 무렵, 그들은 섬 중앙에 솟아있는 빙하와 산을 오르내리며 반대편에 있는 노르웨이의 포경 기지에 무사히 도착하여 구조 요청에 성공했고 구조대를 배치했다. 그 결과 모든 역경을 딛고 28명 전원이 생존했다. 이 이야기는 악명 높은 섬 사우스조지아 역사의 일부일 뿐이다.

이 섬과 관련된 더 오래된 이야기도 있다. 1775년 영국의 탐험가 제임스 쿡James Cook 선장이 상륙하여 이 얼음 영토를 차지한 이후, 바다표범 사냥꾼들이 귀중한 가죽과 기름을 얻기 위해 섬에 내려와 한때 번성했던 바다표범 개체수를 몰살시켰다. 바다표범

의 멸종으로 섬에서 바다표범이 거의 사라지면서 바다표범 사냥
붐은 막을 내렸고, 그 자리에 고래잡이들이 들어왔다. 20세기까지
고래는 조명용 기름과 기계 윤활유의 주요 공급원이었으며, 화석
연료 산업이 자리를 잡기 시작한 이후에도 고래 지방과 고기는 식
량 배급이 이루어지던 2차 세계대전 전후에 유럽인의 식단을 보충
하는 데 사용되었다. 고래로 가득한 사우스조지아 주변의 풍요로
운 바다에 매료된 노르웨이 기업가들은 그리트비켄, 스트롬니스
및 이 외딴섬의 곳곳에 해안 포경 기지를 설립했다. 현재 이 섬에
는 작은 연구 기지만 남아있으며, 다행히 바다표범과 고래 개체수
는 서서히 회복세를 보이고 있다.

하지만 우리가 지구 끝의 이 험준한 피오르로 항해한 건 전혀
다른 이유 때문이었다. 열흘 동안 우리는 보급품, 썰매, 스키, 과
학 장비를 해안에 내려 거대한 코끼리 물범에 싣고, 약 100년 전
새클턴과 그의 일행이 여행했던 빙하 위로 썰매를 끌고 올라갔
다. 우리는 그들이 위급 상황을 세상에 알리기 위해 넘었던 날카
로운 능선을 지나 빙하가 해발 약 1,000미터의 높은 고원까지 솟
아있는 지점을 향해 계속 나아갔다. 우리는 사우스조지아 피오
르 사이를 매섭게 가로지르는 악명 높은 강풍과 눈보라를 모두
경험했다.

결국 빙하가 두꺼워지는 지점인 넓은 얼음 돔에 도착했다. 이 안

● 먼지 폭풍이 생물학적 탄소 펌프에 미치는 영향에 대한 정보를 발견하기 위해 우리는 사우스조지아에서 얼음 코어 시추를 진행했다.

정적인 빙하는 잦은 강설이 쌓이고 압축되어 좋은 층으로 보존되고 있다는 것을 의미한다. 나무가 자랄 때마다 나이테가 생기는 것처럼 이 빙하에는 매년 새로운 얼음층이 형성된다. 나이테를 연구하여 나무의 나이를 알아내고 나이테 사이의 두께와 화학 성분을 분석하여 그해의 기후와 환경을 알아내는 것처럼, 해마다 쌓이는 얼음층을 조사하면 과거의 환경과 기후에 대한 정보를 얻을 수 있다.

그래서 이곳 지구의 맨 끝에 있는 이 빙하 돔 위에서 우리는 수 킬로미터를 운반해온 드릴을 조립하고 준비하여 얼음을 뚫기 시작했다. 이 고도에서의 얼음 코어 시추는 사우스조지아에서 이뤄진 연구 중 최초였으며, 우리는 이 연구가 먼지 폭풍이 해양의 생물학적 탄소 펌프에 어떤 영향을 미치는지에 대한 중요한 정보를 제공할 수 있기를 바랐다. 생물은 성장하기 위해 영양분이 필요하며, 먼지 폭풍은 이러한 영양분을 대륙에서 멀리 떨어진 바다로 날려보낼 수 있다.

바다를 들끓게 하는 것들

생물학적 탄소 펌프는 대기 중 이산화탄소를 심해로 격리하는 중요한 메커니즘으로, 바다의 최상층에 서식하는 식물성 플랑크톤이 중추적인 역할을 한다. 식물성 플랑크톤은 광합성을 통해 이산화탄소를 유기물로 전환하여 배출하는데, 이 중 일부는 심해로 가라앉아 대기 중 이산화탄소를 장기간 효과적으로 제거한다. 그러나 광합성 효소의 주요 구성요소이자 토양에서 흔히 볼 수 있는 철분과 같은 미량 영양소가 부족하면 식물성 플랑크톤의 성장을 제한하는 요인으로 작용할 수 있다. 만약 바닷속에서 먼지 바람을 통해 부족한 철분을 조달할 수 있다면 어떨까?

사우스조지아 빙핵과 캐나다 북서부 유콘의 빙핵을 분석한 후

쓴 과학 논문 〈빙핵을 이용한 먼지 퇴적과 식물 플랑크톤 반응 사이의 연관성 조사〉에서는 이 대기 먼지가 먼 해양 지역의 중요한 철 공급원으로서 어떤 역할을 하는지에 대해 자세히 살펴봤다. 이 논문에서는 빙핵의 층에 갇힌 철 농도를 정밀하게 측정하여 추적한 먼지 퇴적의 역사적 기록을 분석했다. 그리고 철 농도와 함께 일부 식물성 플랑크톤 종에서 생성되는 메탄설폰산^{MSA}이라는 화합물도 측정하여 이 작은 유기체가 영양 공급 변화에 어떻게 반응하는지를 밝혀냈다.

연구 결과는 먼지 침착과 생물학적 활동 사이에 강력한 연관성이 있음을 보여주었다. 철분과 MSA의 정점에서 보이는 상관관계는 먼지에 의해 전달된 철분이 식물성 플랑크톤의 번식을 자극한다는 것을 의미했다. 철분과 식물성 플랑크톤 바이오매스*의 증가 사이의 이러한 연관성은 단기적인 사건(개별 먼지 폭풍)과 장기적인 연간 주기 모두에서 분명하게 나타났다. 북반구와 남반구의 빙핵 기록에서 서로 다른 시간대에 걸쳐 상관관계가 관찰되었다는 사실은 해양 플랑크톤의 번식이 전 지구적으로 중요하다는 것을 강조한다.

우리의 연구는 바람에 날리는 먼지가 지구의 생물학적 탄소 펌

---

*   태양에너지를 받은 식물과 미생물의 광합성에 의해 생성되는 식물체·균체와 이를 먹고 살아가는 동물체를 포함하는 생물 유기체 일체

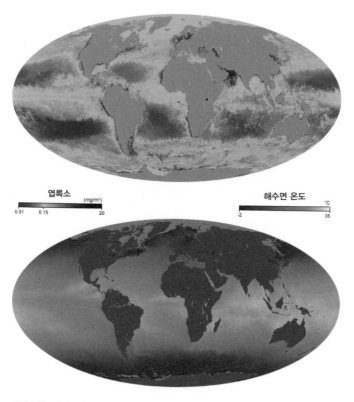

- 엽록소 분포와 해수면 온도를 보여주는 그림이다. 일반적으로 해수면 온도가 차가운 곳에서 엽록소의 농도가 높은 것을 알 수 있다.

프에서 중요한 역할을 한다는 증거를 추가했다. 건조한 지역은 철분 저장고 역할을 하며, 기후변화로 인한 바람 패턴의 변화는 먼 바다 지역으로 먼지가 이동하는 것을 조절할 수 있다. 먼지의 이동과 퇴적이 증가하면 식물성 플랑크톤이 번성하여 이산화탄소 흡수량이 증가할 수 있다. 반대로 먼지의 이동이 감소하면 플랑크톤의 생산성이 제한되고 이 중요한 탄소 흡수원이 줄어들 수 있다.

먼지 성분이 식물성 플랑크톤의 철분 생체이용률에 어떤 영향을 미치는지 이해하는 것은 필수적이다. 또한 먼지로 인한 생산성이 해양 지역마다 어떻게 다른지 조사하고 그 결과를 생물학적 탄소 펌프의 글로벌 모델에 통합해야 한다. 이러한 종류의 지식은 대기 중 이산화탄소 증가의 지속적인 영향을 완화할 수 있는 해양의 잠재력을 예측하는 데 매우 중요하다.

현재 전 세계 바다에는 약 10억 톤의 식물성 플랑크톤이 살아 있는 것으로 추정되는데, 이는 미세한 생물로서는 엄청나게 큰 질량이며 1년에 최대 500억 톤의 무기 탄소(표층 해양에 용해된 이산화탄소)를 세포에 통합하는 역할을 담당한다. 이는 지구의 모든 육상 바이오매스가 매년 통합하는 양과 거의 같은 양이지만, 식물성 플랑크톤이 통합하는 무기 탄소의 총질량은 5000억 톤으로 식물성 플랑크톤보다 500배 더 크다. 식물성 플랑크톤은 이산화탄소를 흡수하는 데 매우 효율적이며, 이 중 단 몇 퍼센트만 장기간 격리되더라도 매우 짧은 수명 동안 많은 양의 탄소를 소비하므로 대기 중 이산화탄소 농도의 폭주를 막는 핵심 메커니즘 중 하나다.

앞서 살펴본 바와 같이, 열대 상부 해양층의 가열과 해수면 온도의 상승은 열수구를 더 깊숙이 밀어 넣어 바다를 성층화시키고 영양분이 풍부한 해수의 상승을 막는다. 심해에는 식물성 플랑크톤이 생존하고 번성하는 데 필요한 기본 영양소가 많이 포함되어 있다. 표면 가열과 성층화가 화학적 과정을 통한 이산화탄소 흡수를 제한하는 것처럼, 식물성 플랑크톤의 성장 능력도 제한하여 생물학적 탄소 펌프도 억제한다.

영양분이 풍부한 깊은 바다의 용승이 식물성 플랑크톤 성장을 촉진하는 데 미치는 영향은 해수면 온도와 식물성 플랑크톤이 생성하는 엽록소 농도 지도를 비교하면 쉽게 알 수 있다. 육지 가까이에서는 강 퇴적물에서 영양분을 공급받을 수 있어 해수면 온도에 관계없이 엽록소 농도가 높지만, 먼바다 지역에서는 차가운 물과 엽록소의 양 사이에 명확한 상관관계를 보인다. 이러한 서늘한 바다 지역은 주로 적도에서 멀리 떨어진 고위도 지역에 있다. 그 이유는 차가운 고위도 표층 해역에서는 표층과 심해 사이의 온도 차이가 덜 뚜렷하기 때문이다. 바다의 성층화가 덜해 영양분이 풍부한 심해가 표층에 쉽게 도달하여 식물성 플랑크톤이 필요로 하는 먹이를 공급할 수 있다.

반대로 열대 해양의 표면 온도가 더 높아지고, 표층과 심해 온도 차이가 심해지면 온도 차에 따라 해수층이 더 구분되면서 차가운 영양분이 풍부한 심층수가 표면에 도달하기가 더 어려워진다. 주요 영양소가 충분히 공급되지 않으면 식물성 플랑크톤이 대량으로 생존할 수 없다. 또한 열대 태평양에는 상대적으로 차가운 물의 띠가 있는데, 평상시에는 강한 무역풍으로 인해 더 차가운 심층수가 상승하여 생겨나지만 엘니뇨가 발생하는 해에는 사라진다. 이 패턴은 심해에 장기 저장을 위한 탄소 수송에도 해당되며, 해양 혼합이 더 쉽게 일어나는 곳에서는 발생할 수 있지만 뜨거운 표층수가 성층화를 일으키는 곳에서는 발생하지 않는다.

대기 중 이산화탄소 농도가 증가하면 해수면 온도가 상승하고, 해양의 화학적 및 생물학적 탄소 펌프가 중단되어 대기 중 이산화탄소 농도가 더욱 빠르게 증가하는 양의 되먹임 고리를 앞에서 확인했다. 하지만 이보다 더 우려스러운 직접적인 피드백이 있다. 바로 이산화탄소 용해도이다. 수온이 상승하면 이산화탄소와 같은 용존 기체를 담을 수 있는 능력이 감소한다. 이는 따뜻한 물이 차가운 물에 비해 밀도가 낮고 기체 분자를 더 적게 보유하기 때문이다. 쉽게 설명하면 뜨거운 탄산음료가 없는 것을 예로 들 수 있다. 차가운 물은 탄산을 담아낼 수 있지만 온도가 상승하면 물에 녹아있던 기체가 물 밖으로 빠져나온다. 그래서 다른 모든 조건이 동일하다면 따뜻한 바다가 대기에서 이산화탄소를 흡수하는 능력이 더 낮다. 온도가 높을수록 물 분자가 활발히 움직이면서 이산화탄소 분자를 붙잡아두지 못하고 놓아버리기 때문이다.

수온이 계속 상승함에 따라 평균적으로 많은 양의 이산화탄

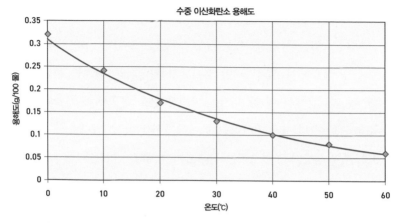

수중 이산화탄소 용해도

● 이 그래프는 다양한 온도의 물에 용해될 수 있는 이산화탄소의 양을 보여준다. 물이 차가울수록 더 많은 양의 이산화탄소를 담을 수 있다.

소를 흡수할 수 없을 뿐만 아니라, 해양이 이산화탄소를 흡수하지 않고 대기 중으로 배출하는 지역이 더 많아질 것이다. 일반적으로 바닷물은 차가울수록 기체를 잘 녹이는 반면, 따뜻해지면 용해도가 떨어진다. 10~30℃ 사이에서 온난화 정도가 1℃ 올라갈 때마다 바다는 이산화탄소를 약 2퍼센트 더 적게 흡수한다. 2024년 3월 초의 평균 해수 온도는 21.2℃로 역대 최고치를 기록했으며, 1982~2011년 평균보다 약 0.8~0.9℃ 더 높았다. 즉, 해수면 온도가 일정 수준을 넘어서면 해양이 그동안 흡수해왔던 이산화탄소를 대기로 되돌려 보내기 쉬워진다. 이렇게 바다에서 대기로 나오는 이산화탄소 양이 많아지면, 결국 대기 중 이산화탄소 농도가 더욱 높아지고 지구온난화가 한층 가속화된다.

해양은 지구 시스템에서 엄청난 양의 열을 흡수하여 온도 상승을 어느 정도 완화하는 역할을 해왔다. 바다는 열에너지를 흡수했다가 시간이 지나면 다시 대기로 방출하기도 한다. 문제는 해양이 지나치게 뜨거워졌을 때다. 수온이 오르면 산호가 백화 현상을 일으키는 등 해양 생물이 견디기 어려운 환경에 놓이게 되고, 먹이사슬의 기초가 되는 플랑크톤 분포도 달라진다. 일부 종은 단순히 산란 시기가 어긋나거나, 서식지를 잃어 생존 위기에 직면하기도 한다. 이처럼 해양이 뜨거워질수록 가속화되는 온난화와 생태계 파괴의 연쇄 고리는 한번 시작되면 되돌리기 쉽지 않다. 이는 결국 어업 생산량 감소, 해양 생물 다양성 축소 등 인류 사회에도 광범위한 파급 효과를 가져온다.

또한 바다가 뜨거워지면 폭우와 태풍이 더욱 강해진다는 사실은 이미 여러 차례 과학적 연구와 실제 사례를 통해 입증되었다. 바다가 뜨거워질 때 폭우나 폭설, 태풍이 왜 강해지는지는 크게 두 가지로 요약할 수 있다. 첫째, 따뜻한 바닷물에서 증발한 수증기가 폭발적으로 응결하는(비나 눈이 되는) 과정에서 엄청난 열(응결 잠열)을 대기에 공급한다. 둘째, 이 응결열이 새로운 상승기류를 만들고, 다시 많은 수증기를 끌어올려 자기 증폭적 피드백을 일으킨다. 말하자면 해수의 높은 온도가 구름과 눈 또는 비를 배가시키는 동력으로 작용하는 셈이다.

2024년 들어 전 세계 곳곳에서 짧은 시간 동안 특정 지역에 집중적으로 쏟아지는 국지적 폭우부터 기록적인 폭설까지, 극단적 기상 현상이 곳곳에서 확인되고 있다. 한국도 예외가 아니었다. 특히 여름철에는 바다 위에서 뜨겁게 달궈진 해수의 영향으로 강한 상승기류가 형성돼, 갑작스러운 호우가 지역 단위로 쏟아지면서 피해가 속출했다.

문제는 단지 비만 많이 오는 게 아니라, 폭우가 집중되는 양상이 더 극단적이고 예측 불가능해졌다는 점이다. 2024년 초반, 북미 서부 해안 지역에서는 한 달 가까이 해수면 온도가 평년 대비 1~2℃ 높아져, 해안 저기압이 발달할 때마다 상층 대기로 엄청난 수증기가 공급됐다. 그 결과로 1월 중순에는 국지적 뇌우가 발생해, 24시간 만에 평소 두세 달 치 강우량이 쏟아지는 이상 현상이 나타났다. 미국 서부 일부 지역은 산간 지대에 예상치 못한 폭설까지 뒤따르면서 도로와 기반 시설이 마비되기도 했다.

한국에서도 2024년 7월 말부터 8월 초 사이 남부 지방을 중심으로 강력한 집중호우가 이어졌다. 특히 남해안 인근에선 해수면 온도가 최고 29℃ 안팎까지 치솟았는데, 바다가 이렇게 뜨거우면 표층수에서 증발하는 수증기 양이 많아져, 대기 중 습도가 크게 오른다. 여기에 대기 불안정까지 겹치면 구름이 발달해 좁은 지역에 폭우를 쏟아붓는다. 실제로 일부 시·군에서는 하루 만에 예년 한 달 분량에 맞먹는 강수량을 기록했고, 하천 범람과 산사태가 곳곳에서 일어났다. 가옥 침수나 농경지 유실 같은 직접적 피해 외에도, 전력·통신 같은 도시 기반 시설까지 마비되었다.

2024년에는 눈 폭탄 사례도 제법 보고되었다. 북유럽 지역에서는 2~3월에도 바다에서 유입되는 따뜻한 해류와 찬 공기가 부딪치며, 기록적인 폭설이 쏟아졌다. 해수 온도가 올라가면 늘 폭우만 내린다고 생각하기 쉽지만, 기온이 어중간하게 내려가 대기 중에서 눈 결정이 형성되기 좋은 조건이 되면 '폭설' 형태로 응결 잠열을 토해낼 수 있다. 예컨대 2024년 2월 말, 노르웨이 일부 해안 도시에서는 일주일간 2미터 가까운 적설량을 기록해, 항공편이 모두 끊기고 전력 공급이 중단되는 사태가 벌어졌다.

이처럼 국지적이고 돌발적인 폭우나 폭설이 더 잦아지는 배경에는 바다가 '거대한 온실'처럼 작동한다는 사실이 자리한다. 바다 표층수 온도가 평년 대비 1℃만 높아져도 해수가 증발하며 내뿜는 수증기는 대폭 증가한다. 수증기는 대기 중에서 '물질'이자 '에너지'로 작용하며, 구름이 커지고 응결되는 과정에서 열을 방출해 상승기류를 더욱 강화한다. 그 결과, 폭우·폭설·태풍 등 각종 극단적 기상 현상이 짧은 시간에 폭발적 위력을 발휘할 수 있다.

더욱이 태평양이나 대서양 같은 대규모 해역에서는 연중 한 차례 정도 발생하던 슈퍼태풍(또는 허리케인, 사이클론)의 빈도가 최근 들어 두세 배가량 늘었다는 통계도 있다. 2024년 9월에 서태평양에서 발생한 어느 초강력 태풍은 최대 풍속이 시속 300킬로미터에 육박해, 필리핀·대만·일본 지역까지 거대한 피해를 남겼다. 이 태풍 역시 표층 해수면 온도가 극도로 높았던 해역을 지나는 동안 세력이 연쇄적으로 강화되어, 한때 중심 기압이 900헥토파스칼 아래로 떨어지기도 했다. 이처럼 몇백 년 만의 기록적인 폭우나 폭설은 앞으로 일상이 될 가능성이 매우 높다.

엘니뇨-남방진동

엘니뇨-남방진동은 적도 동태평양의 해수 온도가 평균보다 높은 상태인 엘니뇨와 낮은 상태인 라니냐 사이의 순환을 말한다.

이는 크게 중립 상태, 엘니뇨 상태, 라니냐 상태로 구분된다. 중립 상태는 해수면 온도와 대기 순환이 평년과 비슷한 상태이며, 엘니뇨 상태는 동태평양의 해수면 온도가 평년보다 높아지는 현상, 라니냐 상태는 동태평양의 해수면 온도가 평년보다 낮아지는 현상이다. 엘니뇨와 라니냐가 번갈아 발생하면서 해수면 온도가 불규칙적으로 변화하면, 대기압과 바람 패턴도 변화하는데 이때의 기압 변화는 마치 시소처럼 한쪽이 높아지면 다른 쪽은 낮아지는 특징을 보인다.

이 현상은 태평양 지역뿐만 아니라 전 세계의 기온, 강수량, 폭풍 발생 등 다양한 기후 요소에 영향을 준다. 따라서 엘니뇨-남방진동이 강해지면 기후변화에 복잡성과 불확실성이 더해질 것으로 예상된다.

수많은 탐험가의 무덤에서

둠스데이, 최후의 빙하

남극해는 지구상에서 가장 무서운 지역 중 한 곳이다. 남반구의 위도 약 40~60도 사이인 이곳에서는 어떤 육지와 산맥의 방해도 받지 않고 폭풍우가 반구를 돌 수 있다. 북극에서 남극까지 일주하는 우리의 대장정이 막바지에 다다를 때였다. 남극해만 무사히 건넌다면 나와 롭은 무동력으로 세계 일주에 성공한 탐험가가 될 수 있었다. 하지만 수많은 탐험가의 무덤이 되었던 남극해는 역시나 우리에게도 호락호락하게 길을 열어주지 않았다.

바람은 끊임없이 휘몰아치고 파도는 아파트 건물만큼 높이 솟아올랐다. 파도의 시작과 끝 사이는 수십 미터에 달하기도 했다. 이렇게 혹독한 조건만으로도 남극해는 많은 탐험가를 두려움에 떨게 하기에 충분하다. 바다와 하늘의 경계가 모호한 곳, 끊임없는 움직임과 지독한 단조로움이 공존하는 공간, 바다의 짠 기가 눈을 끊임없이 찔러대고 거센 바닷바람의 울부짖음만이 허공을 떠도는 그곳이 바로 남극해였다. 한순간 거대한 파도에 압도당하고, 다음 순간에는 온몸을 집어삼킬 것 같은 파도 속의 깊은 구렁텅이를 마주하게 된다.

거센 바람이 이끄는 혹독한 리듬에 맞춰 하루하루가 흘러갔다. 우리는 항로를 유지하기 위해 폭풍우 속에서 돛을 올리고 깎아지는 파도를 헤치며 거대한 자연과의 싸움을 벌여야 했다. 숙면은 사치였다. 몸은 계속되는 폭풍우에 시달리고 마음은 끝없이 펼쳐진 회색빛 바다를 바라보며 긴장을 풀지 못했다. 육체적·정신적 인내심을 끊임없이 시험하고, 생존에 대한 원초적 욕구를 제외한 모든 것을 천천히 벗겨내는 과정이었다.

혹독한 바다에도 묘한 아름다움이 있다. 남극해의 일몰은 주황색과 보라색의 믿기지 않는 줄무늬 모양으로 하늘을 물들인다. 그 찰나의 따뜻함은 뼈를 시리게 하는 추위와는 너무나 달랐다. 인광은 파도를 반짝이는 별빛으로 바꾸고, 빙산은 안개 속에서 유령처럼 다가온다. 이 순간들은 지독한 황량함을 뚫고 나와 이 길들여지지 않은 세상의 한구석에 경외감을 불러일으키는 힘이 작용하고 있다는 사실을 알려주었다.

이 모든 것들이 영혼에 새겨지는 순간도 있었다. 바람이 허리케인의 속도로 강해져 바다 물보라로 순식간에 돌변하기도 하고, 바다에서는 사방이 매끈한 거울에 둘러싸인 것처럼 내 모든 것이 완전히 노출된 느낌을 주는 섬뜩하고 고요한 순간이 찾아오기도 했다. 예상치 못한 순간에, 잠시 눈을 붙였다가 상상도 하지 못한 파도가 몰아치면서 조타기가 꺾여버려 우리 배가 시커먼 바다의 틈 사이로 깊이 기울어진 순간도 있었다. 매섭고 차갑고 축축한 어둠이 혹독하게 느껴졌다.

하지만 위험은 그 자체로 매력이 되었다. 폭풍우를 견디고, 파손된 부분을 수리하고, 자연의 맹공격 속에서 물 위에 떠있는 것만으로도 살아있다는 느낌을 받는다. 그러다 전혀 예상치 못한 순간에 마법이 일어난다. 하늘이 눈부시게 소용돌이치는 남극광의 춤사위와 함께 폭발하는 순간, 고난을 견뎌낸 것에 대한 미묘한 보상이 주어지며 가장 혹독한 환경에서도 심오한 아름다움이 피어날 수 있다는 사실을 알게 되었다. 이렇게 차갑고도 아름다운 남극해에서는 지금 무슨 일이 일어나고 있을까.

얼음이 녹아내리면

남극해에는 세계에서 가장 큰 빙산이 있으며, 수백만 톤의 얼어붙은 얼음이 거대한 파도 사이를 떠다닌다. 빙산은 항상 남극해에 존재해왔으며, 남극 해류와 거센 바람에 의해 서쪽에서 동쪽으로 운반되어왔다. 빙산은 남극 대륙을 둘러싸고 있는 차가운 물의 영역을 정의하는 보이지 않는 이동선인 남극수렴선 안에 머무르면 점점 더 작은 조각으로 분해되어 오랜 세월 동안 생존할 수 있다. 그러나 남극수렴선을 넘어 그 너머의 따뜻한 온대 해역으로 이동하면 빠르게 녹아 없어져 바다 위 빙산의 크기도 빠르게 줄어든다.

빙상의 가장자리에서 떨어져나간 큰 덩어리인 빙하 조각은 때로는 최대 1킬로미터 두께의 빙상이 바다와 만나는 남극의 가장자리를 따라 계속 생겨난다. 그러나 때때로 이러한 빙산 형성 현상은 다른 규모로 발생한다. 2008년 3월, 맨해튼보다 큰 윌킨스 빙붕의 일부가 붕괴되었고 현재는 길이와 폭이 수백 미터에 달하는 얼음덩어리가 남극 주변 바다로 분출되고 있다. 최근 몇 년 동안 기후변화의 영향으로 이 거대한 빙붕이 더 자주 붕괴되고 있으며, 이로 인해 빙하 유실과 해수면 상승에 대한 우려가 커지고 있다.

지구가 뜨거워지면 눈이나 얼음으로 존재하던 물이 녹아내린다. 녹아내린 물은 바다로 흘러 들어가면서 바닷물의 절대적인 양을 증가시킨다. 문제는 지구가 뜨거워질수록 바닷물의 온도도 올라가면서, 온도 상승으로 인한 해수 팽창이 일어난다는 점이다. 얼음이 녹아 바다로 흘러 들어가고, 뜨거워진 바다는 부푼다. 대부분의 물질은 온도가 높아짐에 따라 부피가 커진다. 온도가 상승하면 물질을 구성하는 분자는 더 많은 운동에너지를 얻고, 더 많이 자유롭게 움직이기 때문이다. 여름철 뜨거운 햇볕에 철로가 휘는 것처럼, 바다는 대기에서 더 많은 열을 흡수하면서 팽창한다. 해양의 가열(및 열팽창)은 전 세계 해수면 상승의 원인 중 절반 가까이의 비율을 차지하는 것으로 알려져 있다.

지구 가열로 인한 해수면 상승은 이미 시작됐고, 그 상승 속도는 최근 더욱 빨라지고 있다. 20세기 전반에 걸쳐 해수면은 평균적으로 매년 약 1.4~1.5밀리미터 상승했으나, 위성 관측 데이터에 따르면 1993년부터는 매년 약 3.3밀리미터나 상승했다. 지난 100년간 변화한 속도의 두 배 이상의 속도로 상승하는 중이다. IPCC(기후변화에 관한 정부 간 협의체) 보고서에 따르면, 1901년부터 2010년까지 해수면은 전 세계적으로 평균 19센티미터 상승했다. 이미 태평양의 일부 섬나라들은 해수면 상승으로 인해 심각한 위협을 받고 있다.

특히 투발루, 키리바시, 마셜제도와 같은 섬나라들이 가장 큰 위협을 받고 있으며, 이들 국가는 국제 포럼에서 기후변화의 영향을 완화하기 위한 지원과 해결책을 모색하며 자신들의 처지에 대해 목소리를 높여왔다. 방파제 건설, 해안 관리 개선 등의 대책을 마련하고는 있지만 기후위기로 인한 해수면 상승이 예상보다 가속화되면서 일부 국가들은 전체 인구를 다른 국가로 이주시키는 것을 고려하기도 한다.

이렇게 해수면 상승에 대해 이야기할 때, 현시점에서 가장 직접적인 피해가 나타나고 있는 태평양 섬나라를 주로 예시로 들다 보니 해수면 상승 문제가 마치 '그들만의 문제'인 것처럼 생각되기도 한다. 모든 인프라가 잘 갖춰진 도시에 사는 사람의 입장에서는 지금 당장 해수면 상승으로 인한 피해가 와닿지 않고, 이것이 정말 '그들만의 문제'처럼 느껴질 수 있다. 또한 그런 측면에서 (굳이 인용하고 싶지는 않지만) 기후위기를 부정하는 사람들이 이 논리를 왜곡해서 악용하기도 한다. 그들은 해수면 상승으로 인한 생존 문제를 두고 아주 소수의 사람들과 소수의 민족만이 겪는 '특정 지역에 국한된 문제' 정도로 치부한다.

물론 해수면이 상승한다고 해서 그 영향이 지금 당장 전 세계적으로 동시에, 균등하게 나타나지는 않는다. 지구는 여러 개의 큰 대륙과 바다로 이루어져 있기에 지역별로 피해 양상은 다르게 나타날 수밖에 없다. 해수면 상승은 해류, 지역적인 온도 변화, 대륙의 상승 또는 하강 등의 다른 변수들과 상호작용을 거친 결과물이기 때문이다. 하지만 이 문제는 인류가 몇 세기 동안 구축한 눈부신 산업 문명을 모두 잠식해버릴 만큼 위협적이다. 그 위협은 전 지구적으로는 서서히 장기간에 걸쳐서 일어날 테고 특정 지역에서는 순식간에 벌어질 수도 있다. 인류가 초래한 해수면 상승이 인류 문명을 어떻게 위협할지는 조금 뒤에 이야기하고, 해수면 상승의 주요 원인인 빙하 붕괴 과정을 먼저 살펴보자.

지구에서 가장 큰 대륙 얼음덩어리

해수면 상승에 영향을 주는 요소는 북극-남극의 극지방과 히말라야산맥, 알프스산맥 등 거대 설산에 존재하는 눈으로 만들어진 빙하다. 빙하는 오랜 시간 내린 눈이 쌓이고 또 쌓이기를 반복하면서 그 압력으로 단단한 얼음의 형태가 된 밀도 높은 눈 덩어리다. 빙하의 규모는 바닷물(염수)과 비교하면 전체 바닷물의 약 1퍼센트 정도에 불과하지만, 지구상의 담수 약 75퍼센트는 빙하의 형태로 존재한다. 그렇기에 이 빙하가 정말 다 녹으면 지구 해수면이 약 60미터까지 상승한다는 예측이 결코 과장은 아니다.

그중에서도 남극 빙하 붕괴는 기후변화의 맥락에서 가장 위험한 문제 중 하나다. 남극에는 압도적으로 많은 양의 빙하가 쌓여 있고, 남극의 빙하 붕괴는 전례 없는 규모로 전 지구적인 해수면 상승을 가속화할 가능성이 있기 때문이다. 해수면 상승의 측면에서만 보면, 북극 빙하 붕괴보다 남극 빙하 붕괴가 훨씬 더 큰 파괴력이 있다.

북극 해빙　　북극 대륙 얼음　　남극 대륙 얼음　　남극 해빙

북극해　　남극 대륙

● 북극의 얼음은 보통 바다 위에 떠있는 반면 남극의 얼음은 대륙 위에 쌓여있다. 그 때문에 남극 얼음이 녹는 현상은 북극보다 해수면 상승에 더 큰 영향을 미친다.

　물론 북극의 그린란드 대륙 위에 쌓인 빙하도 있지만, 그 규모는 남극 대륙 빙하에 비하면 작은 편이다. 북극 얼음의 대부분을 차지하는 해빙은 북극해를 떠다니면서 여름엔 녹았다가, 겨울엔 다시 얼었다가를 반복한다. 여름에 잠깐 녹았다가 겨울에 다시 어는 과정을 수년간 반복하면 다년빙, 여름에 다 녹았다가 겨울에만 잠깐 얼면 단년빙이다. 지구 온도와 해수면 온도가 가파르게 상승하면서 다년빙이었던 얼음들이 이제는 여름에도 다 녹아버려 단년빙이 되었다.

　학계에서는 21세기에 북극의 얼음이 모두 전멸할 거라는 예측이 지배적이다. 북극 얼음이 80년 이내에 모두 다 녹아버리면 무슨 일이 벌어질까? 바닷물이 급격하게 불어나 모든 땅이 다 물에 잠기게 될까? 단순히 '북극 얼음'만 놓고 보면 그런 재앙이 일어날 확률은 희박하다. 북극 얼음이 다 녹아도 지구가 모두 물에 잠기는 것은 아니다. 북극 얼음의 대부분을 차지하는 해빙은 이미 물 위에 떠있기 때문에, 해빙이 다 녹아도 지구 해수면 상승에 직접적으로 기여하지는 않는다. 해빙이 녹으면 바다에 부피가 더해지는 것이 아니라 얼음에서 물로, 즉 고체에서 액체로 형태만 전환되는 것이기 때문이다. 아이스 아메리카노의 넘칠 듯한 얼음이 다 녹아도 컵 밖으로 흘러넘치지 않는 걸 떠올려보면 좀 더 쉽게 이해할 수 있다. 그렇기 때문에 해수면 상승 측면에서만 보면 북극보다 남극 빙하의 붕괴가 핵심적인 역할을 한다.

남극 대륙 빙하는 지구상에서 가장 큰 대륙 얼음덩어리다. 남극 대륙 위에 쌓인 얼음은 바닷물이 얼어 만들어진 게 아니라 담수, 즉 눈이 내려 만들어진 얼음이다. 남극은 너무 추워서 다른 대부분의 지역처럼 계절에 따라 눈이 녹지 않는다. 시간이 지남에 따라 눈이 더 많이 내리고 압축되면서 얼음으로 변한다. 이 얼음은 두꺼운 시트를 형성하여 땅을 덮는데, 이를 대륙 빙하라고 부른다. 그래서 북극 얼음은 해빙, 남극 대륙 얼음은 빙하라고 부르는 것이 두 극지방의 얼음을 잘 이해하는 데 도움이 된다.

물론 남극해에도 북극처럼 남극 해빙이 존재하지만 이 역시 이미 바다 위에 떠있기 때문에, 북극 해빙과 마찬가지로 지구온난화로 인한 해수면 상승에는 직접적인 영향을 미치지 않는다. 하지만 태양열이 흡수되는 양을 변화시켜 지구를 더 뜨겁게 만들 수 있고, 그로 인해 남극 대륙의 빙하가 녹으면 바다에 물이 더해져

● 남극 대륙 빙하 중 가장 큰 램버트 빙하의 면적은 100만 제곱킬로미터가 넘는다.

해수면이 상승한다. 그러면 사람들이 살고 있는 해안 지역에 홍수가 발생할 수 있다.

남극 대륙 빙하가 붕괴될 경우 해수면이 수십 미터나 상승할 것이라는 예측은 과장이 아니다. 남극 대륙 빙하의 두께는 평균 2킬로미터, 면적은 약 1,400제곱킬로미터에 달한다. 남극 대륙에서 제일 크고 넓은 빙하는 램버트 빙하다. 램버트 빙하는 동남극에 위치한 주요 빙하로, 세계에서 가장 크고 유속이 빠른 빙하로 알려져 있다. 면적은 100만 제곱킬로미터가 넘고 길이는 약 400킬로미터 정도이다. 가장 넓은 지점에서 빙하의 폭은 약 100킬로미터에

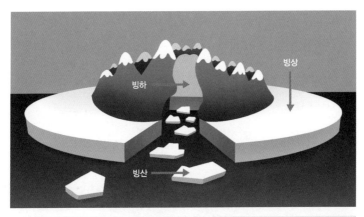

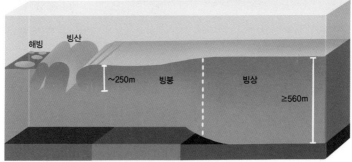

● 빙상, 빙붕, 빙산은 모두 빙하의 한 종류로 빙상은 대륙 위에 쌓인 얼음층, 빙붕은 대륙에서 이어져 바다에 떠있는 상태의 얼음덩어리, 빙산은 물 위에 떠있는 얼음조각을 말한다.

달한다.

　남극의 빙하는 빙상과 빙붕으로 나눌 수 있다. 빙상은 대륙 위를 넓게 덮고 있는 거대한 얼음덩어리이고 빙상부터 바다까지 이어진 빙붕은 그 일부가 바다에 잠겨있다. 빙붕은 바다에 떠있으면서 빙상의 얼음을 공급받고, 바다로부터 빙상을 보호하는 역할을 한다. 빙상과 빙붕에서 일부가 떨어져 나와서 바다 위를 떠다니는, 해수면에서 5미터 정도 솟아있는 덩어리들을 빙산이라고 말한다. 그것보다 작으면 그냥 '얼음덩어리'다.

이 중에서도 빙붕은 빙상의 거대한 얼음덩어리가 바다로 흘러가는 것을 막는 중요한 버팀목 역할을 한다. 마치 빙상의 뚜껑 같은 역할을 하는 것이다. 병의 뚜껑이 열리면 그 내용물이 쏟아지듯이 빙붕이 붕괴되면 남극 빙하가 쏟아져 내린다. 미끄럼틀 끝에 있는 커다란 얼음덩어리가 아래로 내려오려는 눈덩이를 막고 있다고 상상하면 된다. 미끄럼틀 끝에 자리한 거대한 얼음 뚜껑은 바다 위에 떠있으면서도 육지와 연결되어있다. 그 얼음덩어리 뒤에는 경사면을 따라 얼음과 눈이 수백 킬로미터 쌓여있다. 빙붕이 갑자기 깨지거나 녹으면 더 이상 수백 킬로미터에 달하는 거대한 얼음 눈덩이가 흘러내리는 것을 막을 수 없다. 얼음 눈덩이는 미끄럼틀을 타고 훨씬 더 빠르게 바닷속으로 빨려 들어간다. 이 현상이 반복되면 전체 붕괴를 가속화하는 연쇄적인 작용이 발생해 전 세계 해수면 상승에 큰 영향을 미친다. 지난 10년 동안 기후변화로 인해 남극 빙하의 질량이 크게 감소하고 있다.

둠스데이 빙하

그중에서 학계가 주목하고 있는 서남극의 스웨이츠 빙하^{Thwaites} Glacier[1]가 빠른 속도로 얇아지고 있다. '둠스데이 빙하', '최후의 빙하' 라고도 불리는 스웨이츠 빙하는 매년 약 500억 톤의 얼음을 잃는 중이다. 이 빙하는 서남극 빙상의 대부분을 막는 일종의 '마개' 또는 '도어 스토퍼' 역할을 하며 지구 해수면을 수 미터나 상승시킬 수 있는 충분한 얼음을 보유하고 있기 때문에, 녹아내렸을 때 그 결과가 특히 우려된다. 문제는 이 스웨이츠 빙하가 완전히 붕괴되면 해수면 상승이 크게 가속화될 수 있다는 것이다. 스웨이츠 빙하가 다 녹으면 해수면이 65센티미터 상승할 것으로 예측된다.[2] 수중 로봇을 사용한 연구를 포함한 최근 연구에 따르면 따뜻한 바닷물이 빙하의 얼음을 아래에서 침식하여 녹는 속도가 빨라지고 있는 것으로 밝혀졌다.

서남극의 파인 아일랜드 빙하^{Pine Island Glacier} 역시 스웨이츠 빙하와 마찬가지로 큰 변화를 겪고 있다. 파인 아일랜드 빙하는 현재 매년 약 580억 톤의 얼음을 잃고 있다. 빙붕 아래에 따뜻한 바닷물이 침입하면서 상당한 얼음 손실이 발생했다. 지난 10년 동안 이 빙하에서는 거대한 얼음덩어리가 바다로 떨어져 나가는 현상이 여러 차례 발생했다. 이 빙하는 남극에서 가장 빠르게 후퇴하

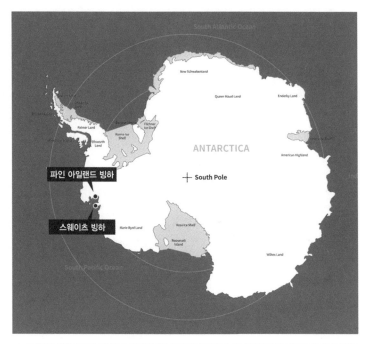

● 스웨이츠 빙하와 파인 아일랜드 빙하의 위치. 두 빙하의 면적은 남극 전체 면적의 3퍼센트에 불과하지만, 빙하 유실량은 매년 줄어드는 남극 얼음의 약 70퍼센트를 차지한다.

는 빙하 중 하나로 10년 이내에 다 녹아버릴 것이라는 가능성이 제기되고 있다.

지구 온도가 상승하면서 빙붕의 표면이 빠른 속도로 녹고 있고, 뜨거워진 바닷물은 바닷속에서 빙붕을 녹이고 있다. 빙붕은 녹고, 갈라지고, 부서지는 등 다양한 작용들로 인해 약해지고 있다. 빙붕이 붕괴되면 빙붕이 지탱하던 빙상이 바다로 흘러드는 속도가

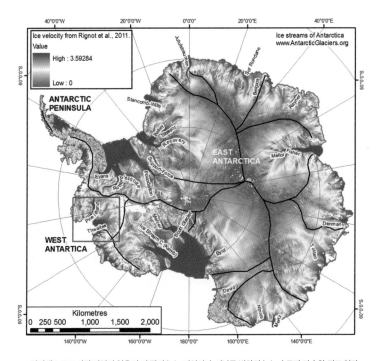

● 빨간색으로 표시된 지역이 얼음이 더 빨리 녹는 지역이다. 서남극 빙하의 녹는 속도가 가속화 되고 있다.

빨라진다. 그리고 이 거대한 얼음 대륙의 붕괴는 인류 전체에 거대한 재앙으로 다가올 것이다. 지구상에 얼음으로만 존재하던 물들이 순식간에 바다로 쏟아지고 있다. IPCC 보고서에 따르면 연구자들은 21세기 말까지 해수면이 최대 약 1미터 상승할 것으로 예측했다. 우리가 살아있는 시기에 목격할 수 있는 일이다. 해수면 상승이 태평양 섬나라, 그들만의 문제가 아니라는 뜻이다.

인류는 수천 년간 지금의 해수면을 기준으로 인류 문명을 발전시켜왔다. 농업의 시작과 함께 정착 생활을 하면서 큰 강과 해안가를 중심으로 초기 문명이 발달했다. 안정적인 해수면 높이는 인류 문명이 고도로 발달하는 데 기여했으며, 산업화 시대에도 무역을 위한 항구와 해안 도시의 번성에 중요한 역할을 했다. 현재도 해안가에는 다양한 형태의 거주지와 시설들이 밀집해있다.

태평양 섬나라를 비롯한 전 세계 수백만 명의 사람들이 현재 해수면보다 불과 몇 미터 높은 지역에 살고 있다. 해수면이 계속 상승함에 따라 이 지역에 거주하는 주민들은 수몰 위험에 직면하여 집과 생계 수단, 심지어 문화와 역사 전체를 잃게 될 수도 있다. 이는 대규모 이주로 이어질 수 있으며 사회적·경제적·정치적 파급효과도 상당할 것이다.

빙하·빙상·빙붕·빙산

　'빙하'는 수년간 떨어진 눈의 덩어리가 쌓여 육지의 일부를 덮는 두꺼운 얼음층을 말한다. 추운 고산지대나 극지방의 경우 여름에 녹는 눈의 양보다 겨울철에 내리는 눈의 양이 더 많아 계속 쌓이는 데, 이때 아래에 있는 눈이 압력을 받으면서 얼음으로 변하면 빙하가 된다. 빙상과 빙붕, 빙산은 모두 빙하의 한 종류다.

　쉽게 설명해 '대륙 빙하'라고 할 수 있는 '빙상'은 주변 영토를 5만 제곱킬로미터 이상 덮은 빙하 얼음 덩어리다. 유동성이 적어 오래전의 기후를 알아내는 데 기여한다.

　'빙붕'은 남극 대륙과 이어져 바다에 떠있는 300~900미터 두께의 얼음덩어리로 바다에 떠있는 상태지만 대륙으로부터 계속 얼음이 공급되기 때문에 전체적인 크기는 유지된다. 또한 빙붕은 남극 대륙으로 접근하는 따뜻한 물의 흐름을 막아 남극 대륙을 차갑게 유지해주는 역할을 한다.

　'빙산'은 물에 떠있는 얼음조각으로 물 위에 나타난 부분의 높이가 최소 5미터 이상이 되어야 한다. 5미터가 되지 않는 작은 얼음덩어리는 '유빙'이라고 부른다. 빙산은 빙붕이 깨지거나 빙하가 바다에 깨져 들어가면서 만들어진다.

CHAPTER 4

타이태닉을 침몰시킨
괴물과의 만남

대서양 자오선 역전 순환

롭이 해빙 위에서 겪은 사고에서 회복한 뒤, 우리는 15미터짜리 세일링 보트를 타고 남쪽으로 항해를 이어갔다. 차갑고 짠 바닷바람이 얼굴을 매섭게 후려치고, 거대한 자연이 온몸을 압박해오는 듯했다. 바람과 파도에 깎인 채 떠다니는 빙산들은 탑처럼 우뚝 솟아 흐릿한 북극의 햇볕 아래 서늘한 광채를 뿜냈다. 캐나다와 그린란드 사이, 데이비스 해협 한가운데서 거대한 얼음덩어리들을 뚫고 나아가는 이 여정은 그린란드의 얼음들이 무척이나 빠르게 녹고 있다는 것을 절실하게 느낄 수 있는 시간이었다. 세계에서 두 번째로 큰 빙상에서 떨어져 나온 이 빙산들은, 한 세기 전 여객선 타이태닉호를 침몰시킨 그 하얀 괴물들과 다를 바 없었다.

우리는 지난 두 달 동안 그린란드 내륙 빙상과 해안가를 둘러싼 얼어붙은 바다 위에서 텐트 생활을 해왔다. 북극곰의 습격 위험에 대비해 잠잘 때도 경계를 늦출 수 없었고, 거센 폭풍 속에서 텐트를 지키지 못하면 저체온증과 동상 끝에 죽음에 이르게 될 위험도 있었다. 언제 다시 식량과 연료를 보충할 수 있을지 확신할 수 없었기에 귀중한 자원을 아껴 써야만 했다. 그런 환경에서 벗어나 보트에 오르자 또 다른 도전이 펼쳐졌다.

한밤의 항해

우리는 좁은 금속 선체 안에서 거친 바람과 해류가 뒤섞여 만들어내는 파도에 시시때때로 농락당했다. 두 시간마다 보트의 핸들을 잡을 사람을 계속해서 바꿔주어야 했고, 주어진 교대 시간을 겨우 버티고 얻은 황금 같은 휴식 시간에는 다른 일은 엄두도 못 내고 잠을 청하는 것이 전부였다. 그러나 배는 끊임없이 부서지는 파도와 얼음 골 사이를 오르내렸고, 휴식 시간이라 해도 마음 놓고 깊이 잠들 수 없었다. 정신적으로도 육체적으로도 내가 경험해본 최악의 시련 중 하나였다.

새 여정은 새로운 위험으로 가득했다. 태양이 지평선 아래로 내려가지 않아 24시간 내내 밝은 북극의 여름을 지나 남쪽으로 갈수록 해가 지평선 아래로 점점 길게 내려앉았다. 마침내 황혼이 질은 밤이 이어지고, 그마저도 빛 한 점 없는 암흑으로 바뀌었다. 데이비스 해협엔 종종 두꺼운 구름과 안개가 깔려, 밤이 잉크를 삼킨 것처럼 완벽한 어둠에 잠기곤 했다. 가장 큰 위협은 물 밑에 도사리고 있었다. 레이더에 잡히기엔 작지만, 부딪치면 배에 치명상을 입힐 만한 작은 빙산들이었다.

시커먼 밤바다에 숨어있던 뾰족한 얼음덩어리가 선체를 단 한 번만 긁고 지나가도 금속이 찢기는 소리와 함께 큰 구멍을 낼 수 있었다. 우리는 계속 망을 보며, 혹시나 얼음이 금속을 스치는 소리, 혹은 둔탁한 충돌음을 들을세라 긴장을 늦출 수 없었다. 간혹 깊은 밤에 레이더가 빙산투성이 화면을 내보일 때면 전방에서 하얗게 떠오르는 얼음덩어리를 간신히 발견해 막판에 가까스로 방향타를 꺾었다. 그 찰나의 순간에도 혹시 더 큰 빙산이 아래로 파고드는 건 아닐지, 수면 아래에 훨씬 크게 돌출된 얼음덩이가 있는 건 아닐지 늘 불안했다.

이렇게 계속되는 긴장감은 곧 그린란드 빙상의 급격한 파괴를 알리는 예고편처럼 느껴졌다. 해협 곳곳에 점처럼 흩어진 빙산들은 그 거대한 얼음층이 놀라운 속도로 붕괴 중이라는 사실을 알리고 있었다. 당시에 실제로 관측된 자료들은 우리가 탐험에서 지구의 일부가 붕괴되는 걸 실시간으로 목격한 것과 다름없다는 사실을 증명했다. 북극의 얼음이 전례 없는 속도로 녹아내리고 있었으며, 한때 거대한 요새 같던 빙상들은 1년에 수 킬로미터씩 줄어들면서 빙상에서 떨어져 나간 얼음덩어리를 바다에 마구 쏟아냈다.

끔찍한 북극 붕괴의 범인은 분명하다. 상승하는 기온과 해수 온도가 빙상의 가장자리를 파먹고, 따뜻해진 해류가 바다 위 얼음의 하층부를 갉아먹는다. 이런 이중 공격 탓에 얼음이 녹는 속도는 눈이 보충되어 얼음이 되는 속도보다 훨씬 빠르다. 그 후폭풍은 어마어마하다. 데이비스 해협을 지나는 여정은 기후변화의 파괴력을 몸소 체감하는 경험이었다. 단순히 그래프나 통계로 이해하는 게 아니라, 진짜 어둠 속에서 거대 빙산과 맞닥뜨릴까 두려워하며 항해를 마치니 자연스럽게 경각심이 높아졌다.

북극 얼음이 녹는 규모는 상상을 초월한다. NASA의 위성인 GRACE가 보낸 자료에 따르면, 그린란드는 2002년부터 2023년까지[1] 연평균 2700억 톤 이상의 얼음을 잃었다. 전 세계 해수면을 연간 약 0.8밀리미터나 끌어올릴 만큼의 양이다. 달리 말하면, 이 물의 양은 한국 전체 인구와 경제가 1년 동안 사용하는 물의 11배를 초과하는 양이다.[2] 그린란드 빙상이 녹아 바다로 흘러 들어가면 바다의 염분 농도와 해류 순환이 교란되고, 지구 전반의 기후 패턴을 뒤흔들 수 있다. 이는 곧 극단적 기상 현상을 더욱 자주 그리고 강력하게 일으키는 결과로 이어진다.

데이비스 해협을 가르는 그때의 항해는 당시 지구가 어떤 상황에 놓여있는지 여실히 보여줬다. 북극해는 이미 수많은 빙산들이 길을 막아서는 위협적인 항로지만, 동시에 인간이 초래한 기후위기의 최전선이기도 하다. 빙산 사이를 지날 때마다, 우리 인간이 이곳을 이렇게 만들었다는 생각이 머리를 떠나지 않았다. 그리고 그 거대한 얼음 파편들은 그린란드 빙상이 우리 곁에서 빠르게 사라지고 있음을 알리는 경고 그 자체였다.

앞에서 설명했듯이 아이스 아메리카노의 얼음이 녹아도 컵 안의 물이 넘치지 않는 것처럼, 북극 바다 위에 떠있는 얼음(해빙)이 녹아도 해수면이 금방 오르지는 않는다. 그렇다면 북극의 얼음이 녹는 일이 왜 이렇게 중요한 문제로 거론될까? 바로 바다와 대기, 그리고 지구의 열 순환을 떠받치는 '해류 시스템'에 충격을 주기 때문이다.

영화 속 재앙이 내 일이 될까?

우리가 잘 아는 영화 〈투모로우The Day After Tommorrow〉가 바로 이 해류 시스템의 붕괴로 인한 재앙을 극단적으로 그려낸 작품이다. 극지방의 얼음이 녹아 엄청난 담수가 바다로 유입되고, 그 결과 정상적인 해류 순환 시스템이 무너져 북반구가 갑자기 빙하기에 들어

● AMOC는 지구의 열과 염분을 나르는 컨베이어 벨트의 역할을 하는 거대한 해류 시스템이다. 이 순환은 전 지구적 기후 패턴에 영향을 미친다.

선다는 이야기다. 물론 실제로 이렇게 단시간에 대재앙이 닥치는 시나리오는 과장된 픽션에 가깝다. 하지만 영화를 통해 '해류가 얼마나 중요한가'를 다시금 깨달을 수 있다. 북극의 얼음이 녹아 많은 양의 담수가 유입되거나 그린란드처럼 고체 빙하가 무너져 내리면 바다의 염분 농도와 온도가 바뀌고, 그 변화가 곧 해류 흐름에도 큰 영향을 미친다. 해류가 뒤틀리면 지역의 기후부터 해양 생태계, 나아가 전 지구적 기후 패턴까지 예측하기 어려운 양상으로 펼쳐질 수 있다.

여기서 핵심 열쇠가 바로 대서양 자오선 역전 순환Atlantic Meridional Overturning Circulation, AMOC이다. '걸프 해류Gulf stream'라고 하면 뉴스에서 한 번쯤 들어봤을 텐데, 사실 걸프 해류는 AMOC를 구성하는 몇 개의 가지 중 하나일 뿐이다. AMOC는 대서양 전역을 수직(심해) 과 수평(표층)으로 돌며, 지구의 열과 염분을 광범위하게 재배치하는 거대한 컨베이어 벨트다. 대서양을 따라 남북 방향으로 움직이며, 해수면 근처와 심해 사이를 뒤집듯overturning 순환하는 거대한 해류인 것이다. 이 순환의 과정을 조금 더 구체적으로 살펴보자.

1 열대지방(저위도)에서 따뜻한 바닷물이 흘러나온다. 특히 카리브해와 멕시코만처럼 햇빛이 강렬한 지역의 바닷물은 막대한 열을 흡수한다.

2 걸프 해류를 비롯한 여러 표층 해류가 이 따뜻한 물을 북쪽, 즉 북대서양 쪽으로 이동시킨다.

3 북쪽으로 올라간 물은 차가운 공기와 접촉하며 식는다. 이 과정에서 수온이 내려가고, 염분 농도가 상대적으로 유지되므로 바닷물의 밀도가 높아진다.

4 밀도가 높아진 물이 북대서양(특히 그린란드 주변 바다나 노르웨이해 등지)에서 심해로 가라앉는다.

5 깊은 바다로 가라앉은 물은 남쪽 방향(중·저위도)으로 서서히 흘러 되돌아간다.

6 적도로 다시 돌아온 심해수가 서서히 표층으로 솟아오르면서, 새로운 따뜻한 물이 생성·공급되는 순환 고리를 형성한다.

다시 말해, AMOC는 지구의 열을 북쪽으로 실어 나르는 표층 해류와 심해로 내려간 차가운 물이 남쪽으로 흘러 다시 표층으로 올라오는 과정이 결합한 거대한 컨베이어 벨트와 같다. 이 시스템 덕분에 지구 곳곳에는 균형 잡힌 열에너지가 분포된다. 예컨대 영국이나 스칸디나비아 같은 고위도 지역에서 겨울이 상대적으로 온화한 편이거나, 북대서양 주변이 '살기 좋은' 기후를 누려온 이유 중 하나도 바로 이 해류 시스템 덕이다. 유럽 북서부는 저위도에서 실려 오는 따뜻한 물 덕분에 겨울에도 혹독한 추위를 면할 수 있다. 영국과 프랑스가 위도로만 보면 캐나다 북부와 비슷하거나 더 높지만, 겨울 기온이 훨씬 온화한 것도 이 해류가 덮어주는 보온 효과 때문이다.

AMOC는 단순히 어느 한 지역의 기후를 결정하는 수준을 넘어, 전 지구적 기후 패턴을 좌우하는 핵심 중추이며, 아래와 같은 역할을 한다.

- **기후 완충 작용**: 낮은 위도에서 올라오는 열이 북쪽으로 실려 가기 때문에, 북반구 고위도가 얼어붙을 만큼 극단적으로 추워지지 않는다.

- **해양 생태계 순환**: 심해와 표층수가 섞이면서 영양염류*가 순환한다. 물고기나 플랑크톤 분포, 해양 먹이사슬 등이 이 흐름에 큰

영향을 받는다.

- **전 지구적 대기 순환과 연계:** 해류가 바뀌면 해양 표면 온도가 달라지고, 이는 곧 대기에 직접적인 변화를 일으킨다. 예를 들어 제트기류(제트스트림)나 몬순, 태풍 경로 등이 연쇄적으로 변화할 수 있다.
- **이산화탄소 흡수와 방출:** 차가운 물은 상대적으로 이산화탄소를 잘 흡수한다. AMOC가 왕성하면 바다가 대기에 존재하는 이산화탄소를 더 많이 흡수해 기후변화를 어느 정도 완화해준다. 하지만 해류가 약해지거나 멈추면 탄소 순환에도 큰 변동이 생긴다.

그런데 여기에 엄청난 양의 담수(민물)가 쏟아져 들어가면 어떨까. 바닷물은 염분 농도가 높은 편이라 밀도가 쉽게 변하지 않는 안정적인 구조를 유지하는데, 담수가 더해지면 이 염분 농도가 현저히 낮아지면서 밀도 균형이 깨진다. 표층수가 무겁게 가라앉아야 순환이 이어지는데, 만약 북대서양 어느 지점에서 물이 충분히 가라앉지 못하면 자연스레 해류 흐름이 약해지거나 경로가 바뀌게 된다.

북극이나 그린란드의 빙상은 담수다. 이 얼음이 녹아 북대서양으로 유입되면, 바닷물에 담수가 섞여 염분 농도가 낮아진다. 바닷물은 염분이 높을수록 밀도가 높아 가라앉기 쉬운데, 담수가 들어오면 밀도가 낮아져 버린다. AMOC 순환에서 가장 중요한 단계는 '차갑고 염분 높은(즉 밀도가 높은) 물이 북대서양 어느 지점에서 깊은 바다로 침강하는 것'이다. 이 침강 과정이 사실상 'AMOC의 엔진' 역할을 한다. 표층수가 아래로 가라앉아야 심해의 물이 남쪽으로 흘러가고, 그 자리를 채우기 위해 저위도에서 새 물이 들어오기 때문이다. 그런데 염분 농도가 낮아져 밀도가 낮아지면, 원래라면 가라앉아야 할 물이 그대로 표층에 머물게 된다.

만약 이 엔진이 멈추거나 약해지면 해류 전체 흐름이 삐걱댄다. 북극에서 녹아 들어온 유입된 담수량이 어느 한계 이상으로 커지면, 북대서양에서 원래라면 차갑고 고밀도여야 할 표층수가 낮은 밀도가 되어 침강하지 못하면서 전반적인 순환 속도가 크게 떨어진다. 극단적으로는 특정 지점에서 순환이 완전히 멈출 수도 있다. IPCC 보고서를 비롯한 학계에서는 21세기 안에 AMOC가 약화될 가능성이 중간 이상이라고 진단하며, 이를 매우 중요한 기후 리스크로 보고 있다.

만약 이 순환이 크게 약화되면, 열대지방에서 고위도로 올라오는 따뜻한 물이 줄어들면서 서유럽이나 북대서양 연안은 상대적으로 추워질 수 있다. 오늘날 전반적인 지구온난화 추세에도, 특정 지역만큼은 반대로 기온이 뚝 떨어지는 '국지적 한랭화'가 벌어질 수 있는 것이다. 이러한 현상이 빙하기까지 이어지는 극단적 변화로 치달을 가능성은 크지 않지만, 기후학적 관점에서 보면 '급격한 기후변화'로 간주하기에 충분한 속도가 될 수 있다. 과연 몇십 년에서 백 년 단위로 진행될지, 혹은 더 길게 이어질지는 아직 불확실하다.

더욱이 이런 해류 변동은 특정 지역을 추위로 몰아넣는 데 그치지 않고, 전 지구적 기후 패턴에도 커다란 악순환을 일으킨다. 해류는 대기와 맞물려 제트기류의 흐름이나 몬순, 태풍 경로 등 기후 전반에 영향을 미치기 때문이다. 바다 표층 온도가 달라지면 특정 지역에 극단적인 폭우나 폭염이 몰릴 가능성도 커진다. 또한 영양염류가 교란되어 어류와 플랑크톤 분포가 바뀌고, 이로 인해 바다 생태계나 어업 기반이 변동을 겪을 수도 있다.

다만 과학계 대부분은 "AMOC가 완전히 멈추거나 폭발적으로 붕괴해, 곧바로 전 지구가 빙하기에 접어든다"라는 영화 〈투모로우〉 같은 시나리오는 지나친 과장이라고 본다. 기후 시스템은 거대하고 관성도 커서, 순식간에 뒤집히지는 않는다는 것이다. 영화적 상상은 갑작스레 도래하는 얼음 세상을 보여주지만, 현실에서는 수십 년에서 수백 년에 걸쳐 서서히—그러나 인간이 체감하기엔 충분히 빠른 속도로—기후가 변할 수 있다.

결국 상상에 불과한 〈투모로우〉 같은 극단적인 이야기의 배경에는, 북극과 그린란드의 얼음이 녹아 해류가 뒤틀릴 수 있다는 '기후학적 진실'이 자리하고 있다. NASA와 IPCC 보고서 등에 따르면 그린란드 얼음이 이미 연간 수천억 톤씩 빠르게 녹아내리고 있으며, 이 담수가 북대서양의 염분 농도 변화를 유발하고 있다고 한다. 아직 해류가 곧바로 정지할 정도로 임계점을 넘어서진 않았지만, 미래 시점에 온실가스 배출과 온난화가 이대로 가속화된다면 해류가 약화되는 속도도 예측 이상으로 빨라질 수 있다.

영화가 보여준 모레 아침 당장 빙하기가 돌진해온다는 시나리오는 허구에 가깝지만, 지금 속도로 얼음이 녹고 담수가 유입된다면 해류가 약화 혹은 중단되어 강력한 기후 요동이 일어날 수 있다는 메시지는 결코 무시할 수 없는 현실이다. 그렇게 된다면 어떤 형태로 기후가 급변할지, 어떤 지역에서 한랭화가 진행될지, 또 어떤 곳에서 홍수나 가뭄이 잇따를지 아무도 정확히 장담하기 어렵다. 바로 이런 예측 불가능성이, 기후 시스템이 가진 가장 큰 공포일지도 모른다.

대서양 자오선 역전 순환

AMOC는 적도 부근의 따뜻한 물을 북쪽으로 운반하고 북대서양의 차가운 물을 다시 남쪽으로 순환시키는 거대한 해류 시스템으로 지구의 기후를 조절하는 데 매우 중요한 역할을 한다.

이 순환은 적도 지역에서 받은 태양열을 북대서양으로 운반해 유럽과 북미 동부 지역의 기온을 조절하면서 지구 남반구가 너무 뜨거워지거나 북반구가 너무 차가워지는 것을 막아준다. AMOC가 붕괴되면 북극 얼음은 남쪽으로 서서히 이동해 100년 뒤엔 잉글랜드 남부 해안까지 도달할 것으로 예상되는데, 이 경우 유럽과 북미의 평균 기온이 급강하한다. 또한 남미 아마존의 강수량이 증가해 홍수 위험이 늘어나고 아프리카 지역은 극심한 가뭄을 겪으면서 지역 농업과 생태계에 심각한 피해를 입게 된다.

AMOC는 해수를 순환시키는 수중 컨베이어벨트의 역할도 하는데, 북대서양에서 차가워진 해수의 밀도와 염도가 높아져 깊은 바다로 가라앉는 과정에서 염도와 밀도를 조절하고 해류의 순환을 유지한다. 또한 해수가 순환되는 과정에서 대기 중 이산화탄소를 흡수해 심해로 격리시키면서 지구온난화의 가속화를 막아준다.

그해, 가장 뜨거웠던 폭염

지구 온도의 상승과 열돔 현상

사람이 아주 덥고 습한 환경에 지속적으로 노출되면 치명적인 결과를 초래할 수 있다. 우리가 날씨 예보를 볼 때 보통 '건구온도 dry-bulb temperature', 즉 그늘에서 잰 공기 온도만 확인하게 되지만, 이 수치는 인간이 실제로 얼마나 더위를 느끼는지에 대해서는 제대로 보여주지 않는다. 왜냐하면 습도, 직사광선, 바람 등 여러 요소가 '체감 온도'에 영향을 미치기 때문이다. 예를 들어, 같은 건구온도라도 직사광선 아래서는 그늘보다 훨씬 더 더운 느낌이 드는데, 이는 태양복사열을 직접 받기 때문이다.

인체는 과열을 막기 위해 고유의 온도 조절 메커니즘을 가지고 있다. 주위 환경이 더워지면 우리는 땀을 흘리고, 땀이 증발하면서 열이 빠져나가 체온을 낮춰준다. 인간의 체온은 대략 37℃ 정도로 유지되며, 음식과 산소를 태워 에너지를 생산해 이 온도를 유지한다. 그러나 우리 몸에서 만든 열은 끊임없이 주변 환경으로 빠져나가야만 한다. 보통은 물질의 상변화 없이 온도 변화만 생기는 '현열 손실sensible heat loss' 메커니즘으로 열을 방출하는데, 이는 불 안에서 뜨겁게 데워진 돌을 꺼내 놓으면 주변 온도에 의해 돌이 식는 원리와 비슷하다.

하지만 기온이 높아져 체온(약 37℃)과 주변 온도 차이가 작아지거나, 운동 등으로 몸에서 열을 더 많이 만들어내면, 이 '현열 손실'만으로 체온을 유지하기가 어렵게 된다. 이때부터 땀을 흘려서 열을 내보내야 한다. 땀을 증발시키는 과정은 '잠열 손실latent heat loss' 메커니즘이다. 물(땀)이 액체에서 기체로 변할 때는 상당한 양의 에너지가 필요한데, 이 에너지가 곧 체내 열을 데리고 바깥으로 빠져나가 몸을 식혀준다.

그런데 이 잠열 손실도 한계가 있다. 공기가 이미 수분으로 가득 차 더 이상 수증기를 받아들일 수 없으면, 땀이 증발하지 못하고 체온도 떨어지지 않는다. 이처럼 덥고 습한 환경, 즉 '습구온도wet-bulb temperature'가 높은 상태에서는 인체가 위험 수준의 열 스트레스에 쉽게 노출된다.

습구온도는 상대습도가 100퍼센트 미만인 상황에서 건구온도보다 항상 낮다. 상대습도가 100퍼센트라면 공기가 이미 수분으로 포화되어 더 이상 수증기를 받아들이지 못하므로, 그 지점에서는 응결이 일어나 구름(또는 안개)이 생기거나 비가 내리기 시작한다. 하지만 상대습도가 100퍼센트 미만인 경우에는 공기가 물(또는 땀)을 증발시킬 여유가 있으므로, 열을 빼앗아 온도계(또는 피부 표면)를 식히게 되어 습구온도가 건구온도보다 낮아진다.

2010년 발표된 기후학자 베셀리오[Daniel Vecellio]와 동료들의 한 연구[1]에서는 습구온도가 35℃를 넘으면 이론적으로나 신체적으로나 인간이 스스로 체내의 열을 내보내기 어려워진다고 주장했다. 체온과·외부 온도 차이가 거의 없어져서 열이 밖으로 빠져나갈 통로가 사라진다는 설명이다. 다행히 지금까지 전 세계적으로 습구온도가 35℃를 넘은 기록은 극히 드물지만, 건구온도가 온실효과로 상승함에 따라 일부 지역에서는 이런 임계 값에 근접하는 사례가 점점 잦아질 것이라고 예측된다.

그러나 최근에 발표된 다른 연구에 따르면, 실제로 사람이 스스로 열을 내보내지 못하는 실질적인 한계 습구온도는 이론상 수치(35℃)보다 훨씬 낮다고 한다.[2] 참가자들이 소형 캡슐형 온도계를 삼키고 피부 곳곳에 센서를 부착한 뒤 가벼운 활동을 하는 실험을 진행한 결과, 실제 한계가 되는 습구온도는 대략 30~31℃ 범위였다. 심지어 건구온도가 40℃를 넘는 상황에서는 한계 습구온도가 26~28℃로 더 낮아진다는 관측도 있었다. 게다가 이 연구는 중간 강도의 활동을 기준으로 한 값이므로, 더 격렬한 노동이나 스포츠를 할 때는 한계점이 더 빨리 찾아올 가능성이 높다. 일부 지역에서는 이미 30~31℃ 수준의 습구온도가 흔히 발생하고 있으며, 1979~2017년 사이에 습구온도가 30℃를 넘어간 빈도는 두 배 이상 증가했다.[3] 폭염은 사람들의 일상에 큰 영향을 미치므로 이 문제 또한 주의 깊게 지켜볼 필요가 있다.

모든 기록을 갈아치우다

2007년 7~8월, 미국 동부에서는 기록이 잇달아 깨졌다. 영하권인 그린란드에서 약 한 달간의 항해를 마치고 미 대륙에 도착했을 때 맞닥뜨린 여름 더위는 적응하기 어려울 정도였다. 미국 독립기념일을 뉴욕에서 보낸 뒤, 북극에서 남극까지 이어지는 탐험의 일환으로 자전거 페달을 밟기 시작했는데, 미국 대륙을 관통하는 약 1만 8000킬로미터의 도로가 이어진 길 위에 펼쳐진 건 무시무시한 폭염이었다.

버지니아주와 테네시주를 지나며 체감한 기록적 폭염은 나와 롭을 고통의 나날로 몰아넣었다. 실제 기상 데이터를 봐도 2007년 8월은 버지니아주와 테네시주 모두 기록적 폭염을 겪은 시기였고, 버지니아주는 7월에도 역대 최고 기온을 경신했다. 공기는 습하고 무거워, 자전거 페달을 밟는 내내 마치 벽을 뚫고 나아가는 기분이었다. 땀은 쉴 새 없이 흘러내렸고, 눈꺼풀 사이로 땀이 떨어질 때면 참을 수 없이 따가웠다. 하루하루가 지옥 같은 인내의 반복이었다. 아침엔 선선한 공기가 잠깐의 반가움을 선사하다가도 해가 떠오르는 순간 곧 달아오르는 대기가 모든 희망을 꺾었다. 정오쯤엔 뜨거운 아스팔트에서 열기가 아지랑이처럼 피어올라 시야까지 일그러졌다. 그나마 에어컨이 나오는 휴게소나 그늘은 잠시 숨을 돌릴 수 있는 피난처가 되어주었지만, 전반적으론 온종일 답답한 공기 속에 파묻힌 생활이었다.

가장 힘들었던 건 탈수와의 싸움이었다. 하루 10리터가 넘는 물과 음료수를 마셔도 금세 땀으로 빠져나가 컨디션을 유지하기 어려웠다. 두통, 어지럼증, 근육 경련 등 탈수 증상이 일상처럼 따라다녔다. 밤이 찾아와도 높은 습도 때문에 더위가 가시지 않아 천막 안에서 쉽게 잠들 수가 없었다. 가슴 중앙에 땀이 고이고, 땀이 마르지도 않아 축축한 느낌이 지속되었다. 그해 8월, 테네시주는 섭씨 37.8℃ 이상을 기록한 날이 15일이나 이어졌으며, 113년 관측 기록 중 가장 높은 월평균 기온을 기록했다.[4, 5] 통계 수치만으로도 이미 극적이었지만, 이로 인한 육체적·정신적 소모는 말로 다 못할 정도였다.

당시 테네시의 습구온도는 최대 27℃ 정도로, '한계'로 알려진 수치보다 몇 도 낮았다. 그럼에도 탐험 때문에 온갖 신체활동을 벌이고 있다 보니 이런 조건마저 버티기 힘들었다. 음료와 에어컨 같은 '외부 도움' 없이는 쉬어도 체온이 제대로 떨어지지 않았다.

체온이 몇 도만 높아져도 생사를 오갈 수 있듯이, 폭염은 주변 환경에도 치명적인 영향을 준다. 최근 몇 년간, 2021년 미국·캐나다 북서부 지방에서 겪은 유례없는 폭염, 2022년 유럽을 휩쓴 극단적 더위, 그리고 2023년 시베리아 지역에서의 기록 경신 등등 극단적 열파^{heatwave}에 지구 곳곳(특히 고위도 지역이나 극지방 포함)이 시달리고 있다. 2023년에는 한국도 기상 관측 이래 가장 뜨거운 해를 보냈고, 이 무더위는 세계스카우트 잼버리 행사까지 혼란에 빠뜨렸다.

2021년 6~7월 태평양 북서쪽을 뒤덮은 열돔^{heat dome}으로 인해 캐나다 브리티시컬럼비아주 리턴^{Lytton}은 평년 온도보다 16~20℃ 높았고, 2021년 6월 29일에는 49.6℃라는 기온을 기록했다.[6,7] 이는 80년 이상 깨지지 않았던 캐나다 최고 기온 기록을 4.6℃나 넘어선 데다, 북위 50도 이상 지역에서 관측된 최고치보다 5℃나 높은 수치였다. 적도와 2,000킬로미터 이상 더 가까운 미국 텍사스주보다 더 높은 기온을 맞닥뜨린 것이다. 이 폭염으로 619명의 사망자가 발생했고, 고속도로가 뒤틀리거나 전기철도 선로가 녹는 사태가 벌어졌다. 농가는 최대 100퍼센트에 이르는 작물 손실을 겪었

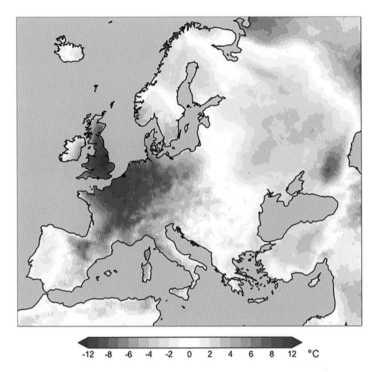

● 2022년 7월에는 유럽 전역에서 역대 최고 기온 기록이 경신되었다. 이 이미지는 기온이 평년보다 12℃ 더 높았던 2022년 7월 19일 북서부 유럽의 기온 이상 현상을 보여준다.

다.[8] 바짝 말라버린 산림은 대형 산불로 이어져 산사태 등 2차 재해까지 잇따랐다.

　비슷한 시기인 2022년 여름, 유럽도 스페인과 포르투갈 등에서 45℃를 넘나드는 폭염을 겪었고, 7월 14일에는 47℃를 기록했다. 영국에서는 7월 19일에 관측 사상 최초로 40.3℃를 찍었고 평년보다 12℃ 높은 온도를 보였다.[9] 해당 시기에만 6만 명 이상의 사람이 더위로 인해 사망한 것으로 추정되며,[10] 산불도 예년 대비 세 배 이상 발생했다.[11] 2023년 한국에서 38.2℃ 전후의 기온이 지속되는[12] 무더위가 이어지면서 수백 명의 온열 질환자가 발생한 사건도 마찬가지 흐름이다. 결국 폭염은 수백, 수천 명의 목숨을 앗아갈 뿐 아니라 농업·인프라·공공 행사 등에 엄청난 혼란을 초래한다.[13]

자연이 만들어내는 열의 재분배

특정 기간에 특정 지역을 지배하는 폭염 현상은 '열돔'으로 설명할 수 있다. 마치 거대한 뚜껑이 해당 구역을 덮고, 그 안의 기압과 온도를 높이는 것과 비슷하다. 이런 열돔은 서쪽에서 동쪽으로 지구의 수평으로 흐르는 제트기류jet streams와 적도에서 극지로 열을 운반하는 거대한 대기 대류 해들리 순환Hadley cells의 상호작용으로 형성된다.

지구가 구형이기 때문에, 적도 가까운 열대지방은 극지방보다 훨씬 많은 태양에너지를 받는다. 이는 극지방이 적도보다 태양에서 더 멀리 떨어져있기 때문이 아니다. 실제로 지구는 태양에서 대략 1억 5000만 킬로미터 정도 떨어져있는데, 극지까지 추가로

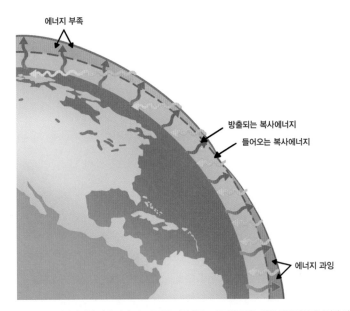

에너지 부족

방출되는 복사에너지

들어오는 복사에너지

에너지 과잉

● 적도에서는 태양이 머리 위에 있어 비교적 작은 면적에 닿고 극지방에서는 같은 양의 태양에너지가 더 넓은 지역에 퍼진다. 따라서 극지방에서는 적도보다 더 적은 양의 태양에너지를 받는다. 또한 햇빛이 극지방의 표면에 닿기 위해 대기를 통과하는 경로가 적도에 닿기 위한 경로보다 훨씬 더 길다. 그로 인해 더 많은 양의 햇빛이 공기 중의 기체와 미립자에 의해 산란되어 우주로 반사되고 지표면에 도달하는 태양에너지는 줄어든다. 지구 대기와 해양은 지구로 들어온 태양에너지의 열을 재분배하며 균형을 맞추는 역할을 한다. 하지만 기후위기로 인해 재분배시스템이 붕괴되고 있다.

6,000킬로미터(0.004퍼센트) 더 이동한다는 점은 사실상 무의미하다. 도달하는 태양에너지의 차이가 나는 주된 이유는 태양광이 지표면에 닿는 각도, 복사선이 통과해야 하는 대기층 두께, 그리고 얼마나 많은 양이 우주로 곧장 반사되느냐(반사율)의 차이에 있다.

밤에 손전등을 들고 있다고 상상해보자. 지면을 향해 손전등을 수직으로 비추면, 작은 원형 영역만 밝힌다. 하지만 손전등을 지면과 수평에 가깝게 놓으면, 빛이 넓은 면적에 퍼져 닿는다. 적도와 극지방이 받는 태양광의 차이도 이와 같다. 적도에서는 태양이 거의 머리 위에 있어서, 태양에너지가 비교적 작은 면적에 집중된다. 반면 북쪽이나 남쪽으로 멀리 갈수록 지표면이 태양광을 더 비스듬하게 받게 되므로, 같은 양의 태양에너지가 훨씬 넓은 면적으로 퍼져 나간다.

이 현상을 또 다른 방식으로 생각해볼 수도 있다. 태양이 높이 뜬 정오의 그림자와 해 질 녘 그림자의 길이를 비교하면, 각각 태양에너지가 집중되는 면적이 어느 정도인지 가늠할 수 있다. 구름 없는 날 한낮에 서있으면, 내 그림자가 차지하는 면적이 곧 내가 막고 있는 태양광 투사 면적이다. 정오에는 그림자가 발밑 작은 얼룩처럼 보이지만, 해 질 녘에는 길게 늘어나 훨씬 큰 면적을 차지한다. 북극은 일종의 '영원한 해 질 녘' 상태로, 태양이 지평선 가까이에 있어 긴 그림자를 만들며, 그만큼 동일 에너지가 넓은 면적에 퍼져 도달한다. 따라서 극지방은 적도에 비해, 같은 태양복사로부터 실제 지표가 받는 열(복사량)이 훨씬 적다.

적도와 극지방은 태양복사가 통과해야 하는 대기 두께도 다르다. 지구 대기의 90퍼센트가 해수면 기준 고도 약 16킬로미터 이내에 몰려있다. 적도에서 정오 무렵이라면 태양광이 이 16킬로미터를 거의 직선으로 통과하면 되지만, 지표와 대기가 태양과 멀어지는 방향(극지방)을 향해 굽어있기 때문에, 고위도에서는 지표에 닿기 전에 훨씬 더 먼 거리의 대기층을 지나야 한다.

이를 올림픽 수영장에 비유해볼 수 있다. 수영장 너비(길이가 아니라 폭)가 대기 두께라고 하고, 한쪽 끝이 우주(태양이 들어오는 쪽), 반대쪽 끝이 지구라고 가정하자. 광자(태양광 입자)인 '내'가 우주에서 지구 표면까지 이동한다면, 적도 지역에서는 수영장 한쪽에서 반대편까지 가장 짧은 경로(정직하게 가로질러 이동)로 이동하면 된다. 반면 극지방처럼 태양과 땅이 이루는 각도가 작은 곳으로 광자가 들어가려면, 수영장을 대각선으로 길게 가로질러야 하므로 훨씬 더 멀리 이동한다. 이동 거리가 길어질수록 수많은 기체 분자와 충돌해 일부 빛이 산란되어 지표에 도달하는 에너지가 줄어든다. 그래서 대체로 적도는 '짧은 경로'로 빛이 들어오는 반면, 극지방은 '긴 경로'를 거쳐야 하기 때문에 표면에 닿는 에너지가 적어지는 것이다. 이 원리는 '하늘이 왜 파랗게 보이는가?'에도 적용된다. 대기가 짧은 파장(푸른빛)을 더 쉽게 산란시키므로, 낮 하늘이 파랗게 보인다. 해 질 녘엔 태양광이 대기를 길게 통과하는 동안 파란빛이 거의 다 산란되어, 붉은빛만 남아 멋진 저녁노을을 만든다.

마지막으로 이전 장에서 언급했듯이 극지방의 눈과 얼음은 반사율(알베도)이 높아 태양복사에너지를 우주로 되돌리는 데 뛰어나다. 반면 온난 습윤하거나 건조한 중·저위도 지방의 어두운 지표면은 대부분의 태양에너지를 흡수한다. 이로 인해 극지방에 도달해 머무는 열이 더욱 줄어든다. 결국 이 모든 요인이 어우러져, 열대지방에 도달하는 에너지가 극지방에 비해 훨씬 많아 '에너지 불균형energy imbalance'이 생긴다. 열역학 제2법칙에 따라 에너지는 이 불균형을 해소하기 위해 '고온에서 저온 쪽'으로 이동하려는 성질이 있다. 즉 지구는 끊임없이 적도의 열을 극지 쪽으로 옮김으로써 적도와 극지 사이의 태양복사 차이를 줄이려고 한다.

해들리 순환, 페렐 순환, 극 순환 등은 모두 이러한 대기 순환을 통해 적도에서 극지로 열을 옮기는 주요 메커니즘이다. 사실상 세 개의 거대한 대류계가 서로 맞물려 열을 나르는 컨베이어 벨트의 역할을 한다. 열대지방에서 공기가 뜨거워지면 위로 상승하고, 지표면에 저기압이 생겨 주변(북·남) 공기가 빨려 들어온다. 상승한 따뜻한 공기는 수증기를 응결시켜 비를 뿌리고, 이때 기체에서 액체로 변하며 열이 방출되어, 공기가 더 올라가 분산된다. 열대권에서 멀어질수록 공기는 식어 약 위도 30도쯤에서 지상으로 가라앉는다. 이때 내려오는 공기가 따뜻하고 건조해 높은 기압대를 형성하고, 구름 생성을 억제해 건조하고 맑은 사막 기후가 만들어진다(실제로 전 세계 주요 사막은 북위·남위 30도 주변에 분포한다). 일부 공기는 다시 열대 저기압대 쪽으로 흐르며 해들리 순환을 완성하고,

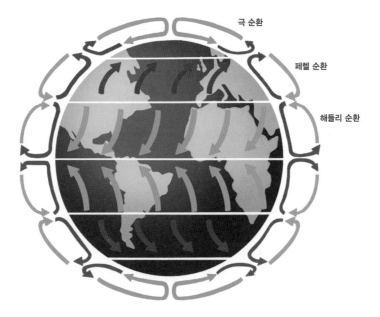

● 대기는 적도에서부터 극지방 사이를 큰 굴레로 돌면서, 적도 부근의 열과 습기를 중·고위도로 옮겨준다. 이 경계에서 형성되는 바람(무역풍·편서풍·극동풍)과 저·고기압대가, 전 세계 기후 패턴과 강수 분포에 결정적 영향을 미치게 된다.

일부는 극 쪽으로 이동해 열을 나른다.

지구의 반대편 극지방에서는 차가운 공기가 땅으로 가라앉아 안정된 고기압대가 생긴다. 얼음과 눈이 있는 추운 환경임에도, 사실 이곳은 전 세계에서 강수량이 가장 적은 '건조 지대' 중 하나다. 이 찬 공기가 바깥쪽(위도 50~60도 근방)으로 퍼져 나가다가 내려온 따뜻한 공기와 만나게 된다. 상대적으로 따뜻하고 습해진 공기가 차가운 극지 공기 위로 올라가면서 수증기가 응결되고 비를 내린다. 이때 액체로 변하는 과정에서 열을 방출해 공기가 더욱 상승하고, 그 아래에 저기압대가 생긴다. 상승한 공기 일부는 열대 쪽으로, 일부는 극 쪽으로 흘러가면서 중위도 순환을 이룬다. 계절에 따라 태양의 위치가 달라지므로, 순환의 크기와 위치도 변한다.

물론 실제 대기는 지구 자전·해양·대륙·산맥 등 다양한 요인으로 더 복잡하게 움직인다. 하지만 기본적으로 적도에서 극지 사이의 에너지 불균형을 평형화하기 위해 대기는 열을 재분배한다.

제트기류가 고장나기 시작했다

열돔 형성에 있어 또 다른 핵심 요소는 제트기류의 위치와 형태다. 제트기류는 고도가 높은 대기 중 상층부의 서쪽에서 동쪽으로 흐르며, 세 개의 대류 순환 사이에 존재하는 경계 부근을 따라 형성되는 매우 빠른 공기 흐름(시속 400킬로미터 이상도 가능)이다. 각 반구에 두 개가 있으며 약한 아열대 제트기류는 해들리 순환과 페렐 순환 사이에, 더 강한 극 제트기류는 페렐 순환과 극 순환 사이에 생긴다.

제트기류는 지구 자전에 의한 코리올리 힘*이 적도에서 극지로 가는 열 흐름(대류 순환)을 휘게 만들면서 형성된다. 지구가 24시간 주기로 한 바퀴씩 도는 동안 지구 중심축에서 약 6,000킬로미터 떨어진 적도는 극지보다 훨씬 먼 거리를 돌아야 하므로 적도 근방의 공기는 극지 공기보다 훨씬 빠른 속도로 회전한다. 적도에서 출발한 따뜻한 공기가 극 쪽으로 움직이면, 원래 지구 자전 속도가 빠른 상태라서 상대적으로 느린 지표면보다 더 빨리 동쪽으로 이동하게 된다. 지상에서 보면 그 공기가 동쪽으로 휘어 가는 것으로 보이는데, 고도 높은 곳에서 마찰이 적으면 이 흐름이 그대로 제트기류가 된다.

제트기류의 세기와 위치는 계절에 따라서도 달라진다. 겨울에는 극지방이 24시간 어둠 속에서 극도로 차가워지므로, 적도와 극지 사이의 온도 차(에너지 구배)가 커져 열 흐름이 강해지고, 제트기류도 강해진다. 반대로 여름에는 극지방이 24시간 낮이기 때문에 상대적으로 더워져, 적도와 극지의 온도 차가 줄어들고 제트기류가 약해진다.

기후변화로 전 지구 평균 기온이 오르는 가운데, 북극은 지구다른 지역보다 더 빠르게 데워지는 '북극 증폭'을 겪고 있다. 얼음

---

* 　관성력의 일종으로 지구와 같은 회전체의 표면 위에서 운동하는 물체에 대하여 그 물체의 운동 속도 크기에 비례하고 운동 속도 방향에 수직으로 작용하는 힘

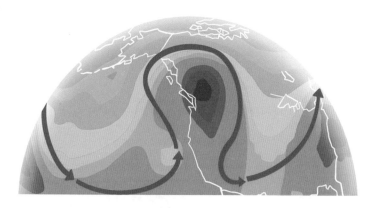

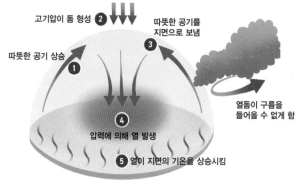

따뜻한 공기 상승 ①

고기압이 돔 형성 ②

따뜻한 공기를
지면으로 보냄 ③

④
압력에 의해 열 발생

⑤ 열이 지면의 기온을 상승시킴

열돔이 구름을
들어올 수 없게 함

● 북극 온도 상승이 가속화되면서 적도와의 온도 차가 예전보다 줄어들면, 이 온도 차를 동력으로 발생했던 제트기류가 약해진다. 제트기류가 느려지면, 큰 물결('wavy' 패턴)이 더 쉽게 형성·정체되어 폭염·폭우 같은 극단 날씨가 특정 지역에 오래 머문다. 결국 제트기류 약화는 기후 패턴 변동성과 이상기상 발생 빈도를 높이는 중요한 요인이 된다.

과 눈이 녹아 알베도가 낮아지고, 더 많은 수증기가 극지로 유입
되고, 극지 대기층에서 대류가 약해 온실가스가 축적되는 등의
여러 요인이 복합적으로 작용해, 전 세계 평균의 최소 두 배, 많게

는 네 배의 속도로 북극 기온이 오르는 것이다.[14] 이렇게 극지와 열대의 기온 차가 줄어들면, 에너지 구배가 작아져 제트기류가 약해진다.

제트기류가 약해지면 여러 현상이 벌어진다. 제트기류를 따라 이동하는 저·고기압 계가 느려져 한 지역에 오래 머무를 수 있고, 바다 온도나 열대 폭풍, 산맥 등에 의해 더 쉽게 휘어져 '물결치는 wavier 제트기류' 패턴이 강화된다. 이런 물결이 크게 요동칠 때는 고위도까지 뜨거운 공기가 올라가거나, 저위도까지 찬 공기가 내려와 지역별 기온 편차가 커진다. 때로는 해당 물결이 같은 위치에 정체되거나 제트기류가 두 갈래로 갈라지면서 공기의 순환이 생기지 않아 폭염이나 혹한의 날씨가 길게 이어질 수 있다.

최근 몇 년간 북미·유럽·한국 등지에서 나타난 기록적 폭염은 바로 이처럼 제트기류가 전 세계적 온난화 영향으로 약화되면서 열돔이 만들어진 결과다. 여름철 북극이 빠르게 데워지면 극 제트기류가 더 약해지고, 전 세계를 빙 둘러 흐르는 n자형 물결이 쉽게 고착된다. 해들리 순환이 공급하는 건조하고 따뜻한 공기는 이 'n'자 곡선 사이로 가라앉아 고기압대를 형성하고, 이는 다시 제트기류를 고정시키는 구조물로 작용한다.

제트기류 벽 때문에 열기가 빠져나가지 못하고, 건조한 고기압 공기 덩어리는 구름 형성을 억제해 맑은 하늘 아래서 지면이 더욱

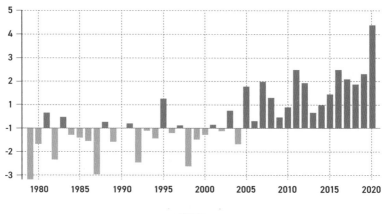

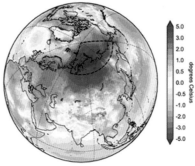

● 시베리아 지역의 연간 기온을 비교했다. 북극의 기온이 비정상적으로 높아지면 이 지역의 영구동토에 치명적일 수 있다. 영구동토가 대규모로 녹기 시작하면 유기물을 분해하면서 강력한 온실가스인 메탄을 방출하게 된다.

뜨거워진다. 뜨거운 공기가 위로 오르려 해도 해들리 순환에서 밀려오는 온난 건조 공기가 눌러주어 열이 빠져나가기 어렵다. 이처럼 열돔이 생기면, 압력솥 같은 영역이 형성되어 각종 기록적 고온과 장기 폭염을 유발한다. 그리고 이런 열돔이 나타난 가장 걱정스러운 사례 중 하나가 시베리아 지역이다.

2020년과 2023년 여름, 시베리아 북극에서는 연이어 사상 최고 폭염이 발생했다. 2020년 한 해 동안 시베리아 북극 전역의 평균 기온은 장기 평균 대비 4.3℃ 높았고,[15] 일부 지역은 연평균 6℃ 이상 높은 곳도 있었다. 북위 67.5도, 북극권 내부에 있는 베르호얀스크Verkhoyansk에서 2020년 6월 20일 기온이 38℃에 달해,[16] 북극에서 관측된 최고 기온으로 기록됐다. 이는 해당 지역 6월 평균보다 18℃나 높은 수치다. 이후 연구에 따르면, 당시 폭염은 제트기류 물결(파장 5 패턴)에서 비롯됐고, 열돔이 커지면서 이 물결 현상이 더욱 강화됐다고 한다.[17] 2023년에도 시베리아에서 또다시 대규모 폭염이 발생해 7~8월 평균 기온이 최고치를 찍었다. 7월에는 북동 시베리아 해안이 해당 시기 장기 평균보다 무려 20℃나 높았다. 더욱 우려스러운 점은, 이 지역 지표 아래 3분의 2가 영구동토permafrost로 뒤덮여 있다는 사실이다.

녹아내리는 영구동토

영구동토란, 최소 2년 이상 지면 온도가 0℃ 아래로 유지되는 땅을 말한다. 현재까지 발견된 가장 오래된 영구동토는 약 70만

년 전부터 해동되지 않았다. 빙하기가 수천에서 수만 년씩 지속되는 동안 토양이 얼어붙었고, 그 뒤로 기온이 충분히 오르지 않아 녹지 않은 것이다. 보통 지표에서 수 센티미터에서 수 미터 깊이 아래서부터 시작해 수백 미터, 심지어 1킬로미터 이상 두께로 얼어있는 곳도 있다. 햇빛, 바람 그리고 비가 닿는 표층만 여름에 녹아 식물이 자랄 수 있다. 러시아 야쿠티야Yakutia는 인도와 맞먹는 310만 제곱킬로미터의 면적인데, 그중 95퍼센트가 영구동토 지역이며 2020년과 2023년에는 폭염으로 인해 큰 타격을 받았다.

영구동토 토양에는 아주 오랜 기간 분해되지 않은 유기물이 가득하다. 냉동고처럼 토양이 얼어있으니, 식물과 동물 잔해가 썩지 않고 그대로 저장된 것이다. 때문에 여러 나라를 합친 것보다 훨씬 넓은 면적의 이 얼음 토양은 '탄소 저장고'나 다름없다. 현재 지구 대기에 들어있는 탄소량의 2~2.5배가 영구동토에 묻혀있다는 추정도 있다. 문제는 땅이 녹으면 미생물이 유기물을 분해해 탄소를 내뿜는다는 것이다. 특히 지표에서 멀리 떨어진 깊은 토양은 산소가 부족해 이산화탄소 대신 메탄이 생성될 가능성이 큰데, 메탄은 이산화탄소보다 지구온난화 효과가 100년 기준 약 28배 강력한 온실가스다. 이렇게 나온 이산화탄소와 메탄가스는 지구온난화를 더욱 가속해 더 큰 면적의 영구동토를 녹이고, 다시 온실가스를 배출하는 악순환으로 이어진다.

● 2년 이상 0℃ 이하를 유지하는 토양 또는 수중 퇴적물을 영구동토층이라고 부른다. 가장 오래된 영구동 토는 약 70만 년 동안 얼어있었다. 최근 기온이 상승하며 영구동토가 녹고 있다. 이로 인해 묻혀있던 탄소 가 분출되면 온난화가 더욱 심해지는 악순환이 시작될 것이다.

일부 과학 연구에 따르면 영구동토가 녹는 현상은 산업화 이전 대비 온도 상승 1.5℃를 넘으면 '자가 증폭 티핑포인트self-reinforcing tipping point'를 통과할 수 있다고 한다. 1.5℃는 파리협정이 최악의 기 후변화를 막기 위해 지켜야 한다고 설정한 목표치이기도 하다. 실 제로 2020년대 지구온난화(약 1.2℃ 상승) 이후 이미 '세기말까지 전 세계 영구동토의 25퍼센트가 영구적으로 해동될 운명'이라는 연구가 나오기도 했다.[18] 2℃를 넘으면 이 비율은 40퍼센트,[19] 최악 의 시나리오에 따라 온실가스 배출 억제를 하지 못할 경우 99퍼센트까지도 녹을 수 있다. 한번 녹은 영구동토를 복구하려면 사실상 또 다른 빙하기가 와야 할 정도로 되돌리기 힘들다고 IPCC는 경고한다.[20]

온도 상승을 1.5℃로 제한한다 해도, 그 기간 녹아내리는 영구동토에서 150~200기가톤 규모의 이산화탄소 환산량*이 발생할 것으로 추정되는데, 이는 인류가 20세기 전반 전체에 걸쳐 배출한 양과 맞먹는다. 현 온실가스 감축 공약을 모두 이행해도 약 3.1℃ 수준에 도달한다는 시나리오에서는, 영구동토의 70퍼센트가 사라지고 2100년까지 최대 400기가톤의 이산화탄소가 추가로 방출될 수 있다. 이는 2020년 전 세계 배출량을 기준으로 약 10년 치를 한꺼번에 뿜는 것이나 마찬가지다. 더 우려스러운 것은 해동된 영구동토가 2100년에 갑자기 멈추는 게 아니라 그 후 최소 250년 이상 배출을 이어간다는 점이다. 즉, 그때는 화석연료를 태우지 않고도 대기로부터 이산화탄소를 직접 제거해야만 기후가 그나마 안정될 수 있다는 뜻이다.

연구에 따르면 고위도 북극 영구동토는 이미 10년에 0.3℃씩 꾸준히 따뜻해지고 있으며, 앞으로 수십 년간 녹아서 비교적 꾸준한 온실가스 배출원이 될 것으로 보인다. 하지만 급속 해빙abrupt thaw

---

* CO2e, 온실가스 배출량을 대표 온실가스인 이산화탄소로 환산한 양

사태도 발생 가능하다. 수분 함량이 높은 영구동토가 한꺼번에 녹으면 지표가 무너져 커다란 분지나 구덩이가 생기는데, 그 아래 얼음이 사라지고 지표를 지탱할 구조물이 없어지기 때문이다. 녹은 물이 흘러가면서 심각한 침식이나 깊은 협곡이 생길 수 있고, 움푹 패인 웅덩이에 물이 고이면 '열카르스트thermokarst 호수'가 생긴다. 물은 열을 흡수 또는 보존하는 능력이 높아 주변 토양 해동을 가속하고, 더 많은 온실가스를 배출한다. 실제로 캐나다와 러시아의 극북 지역은 이런 열카르스트 분지와 호수로 얼룩져 있으며, 야쿠츠크Yakutsk의 경우에는 도시 건물 80퍼센트가 지반 변형 피해를 입었다. 시베리아 북극권의 바타가이카 분화구Batagaika crater도 대표적인 사례다. 바타가이카 분화구는 숲 벌채 이후 지표 온도가 올라가면서 형성되기 시작했으며, 길이 1킬로미터 이상, 깊이 100미터에 달하는 얼음 흙 절벽이 매년 수십 미터씩 녹아 후퇴하고 있다.

또 최근 시베리아와 캐나다에서 발생하고 있는 극단적 폭염으로 인해 식생이 바짝 마르면 대류성 뇌우convective lightning가 발생해 번개가 건조한 삼림과 초지를 단숨에 불태울 수도 있다. 산불은 몇백 ℃ 이상의 열을 내는 고온 현상이므로, 인근 영구동토를 폭발적으로 녹게 하고 대기 중으로 탄소를 직접 배출한다. 어떤 연구에서는 열카르스트의 10퍼센트 이상이 산불로 인해 발생했고, 산불 여파는 수십 년간 해빙을 가속한다고 보고한다.[21] 1997~2011년 사이 위성 자료를 보면, 전 세계 북방수림(타이가) 지역에서 매년 약 8만 제곱킬로미터가 불에 탔다고 IPCC는 전한다.[22]

기온이 상승하고 대기 중 이산화탄소 농도가 증가하면서 영구동토 지대에 식물이 더 빠르게 자라 탄소를 흡수할 수 있다는 관측도 있다. 그러나 최근 연구는 '영구동토 해빙으로 발생하는 탄소 배출량'이 '식생 증가로 탄소를 흡수하는 양'보다 크다는 결론에 무게를 둔다.[23] 흙이 따뜻해지면 미생물이 활동해 연중 탄소를 내뿜지만, 북극 나무들은 빛이 충분한 여름 몇 달 동안만 광합성을 할 수 있기 때문이다. 거기에 시베리아 실크나방Siberian Silk Moth 같은 해충이 기온 상승으로 급증해 침엽수잎을 갉아 먹으면, 광합성 능력이 더 줄어들어 숲을 산불에 취약하게 만든다.

정말 무서운 것은 아직 우리가 모르는 병원체나 벌레들이 영구동토 깊은 곳에 얼어있을 가능성이다. 과학자들은 4만 8000년 된 동결 토양에서 해동 후에도 살아 움직이고 번식하는 선충roundworms을 발견했고, 선사시대 바이러스 또는 박테리아가 존재할 수 있음을 확인했다. 실제로 2016년 시베리아에서 탄저병이 퍼져 어린이 한 명이 사망하고 수천 마리 순록이 폐사한 사고가 있었는데, 녹은 토양 깊숙이 잠들어있던 병원체가 노출된 것 때문으로 추정되기도 한다. 기온이 더 오르고 토양이 더 따뜻해지면 더 많은 미지의 병원균이 깨어날 가능성이 있는 것이다.

육지 영구동토만 위험한 건 아니다. 연안 해역이나 해저 퇴적층 아래에는 '해저 영구동토'도 존재한다. 해저 바닥의 차가운 고압 환경에서 형성된 메탄 하이드레이트methane hydrate가 녹으면, 일부 메탄은 물속에서 재흡수되지만, 일부는 대기로 배출될 수 있다. 현재로선 그 규모와 기후 영향이 얼마나 클지 추정하기 어렵지만, 온실가스가 더해지면 온난화를 더욱 부추길 것은 분명하다. 이러한 임계점을 넘으면 인류가 아무리 배출량을 줄이더라도 스스로 가속되는 온난화와 해빙 과정을 막기 어려운 지경에 이를 수 있다.

열돔

    열돔은 지상 10킬로미터 이내 상공에서 발달한 고기압이 정체됨으로써 반구 모양의 열막이 형성되어 뜨거운 공기를 그 자리에 가둬 놓는 기상 현상이다. 돔처럼 형성된 고기압층의 영향으로 비구름은 밀려나고 뜨거운 공기는 지면에 더 많이 도달한다. 지면 공기가 달궈지며 상층으로 올라가도 고기압에 눌려 또다시 갇히게 되면서 폭염이 점점 더 심해지는 구조다.

    특정 지역의 기온이 올라가면 상승기류가 발생하면서 저기압이 생기고, 발달한 저기압은 주변 고기압과의 상호작용과 코리올리 효과 때문에 움직이면서 기온이 주기적으로 변하는 기상 현상이 생긴다. 그런데 발달한 고기압이 지나가다가 움직임이 잠시 멈춘 상태에서 고기압의 중심부 기온이 갑자기 올라가면, 중심부에서 올라간 뜨거운 공기는 외곽으로 쏟아지고, 외곽의 덜 뜨거운 공기는 중심부로 흘러들어오는 자체적인 대류 싸이클이 만들어진다. 이렇게 국지적인 고기압-저기압 싸이클이 완성되면, 이 지역의 공기는 바람 같은 외부 기압들과의 상호작용이 없어도 안정적인 상태를 이루게 된다. 안정화된 공기 덩어리가 해당 지역에 눌러앉으면, 중심부의 더운 날씨가 끝도 없이 이어지는 불볕더위가 발생하는 것이다.

    열돔 현상은 이상 고온과 폭염을 유발하여, 온열질환자 수가 급

증하는 원인이 된다. 보통 무더운 지역은 강한 태양열로 땅이 뜨겁게 달아오르기 때문에 한낮엔 무더워도 밤이 되면 열기가 식어 서늘한 경우가 많다. 하지만 열돔이 깔리면 대기 자체가 뜨거운 상태를 유지하게 되어 밤에도 뜨거운 기온이 이어진다.

한번 형성된 열돔은 인공적으로 제거하는 것이 불가능하기 때문에 자연적으로 소멸할 때까지 버티거나 태풍이 밀고 들어와 강제로 열돔을 해체하는 수밖에 없다. 통상 5~10℃ 이상의 기온 상승을 유발하는 이 열돔 현상이 지구온난화로 전 세계 곳곳에서 예년보다 더 자주, 그리고 강하게 나타나 문제로 제기되고 있다.

야생을 잃은 열대우림

아마존과 생태계의 파괴

아메리카 대륙을 남쪽으로 가로질러 자전거로 내려오는 동안, 미국 동부의 숨 막히는 고온다습 기후와 텍사스 남부 및 멕시코 북부의 바짝 마른 뜨거운 풍경을 지난 뒤, 우리는 열대 중미 지역에 들어섰다. 멕시코 남부에서부터 파나마 등으로 이어지는 이곳에는 광활한 열대우림 지대가 펼쳐져있다. 그 전체 면적은 남아메리카의 아마존 우림에 비하면 작지만, 그래도 북미와 남미 대륙을 잇는 '메소아메리카'의 상당 부분을 차지한다. 우리가 이 지역에 들어서자마자, 기후가 눈에 띄게 달라진 것이 느껴졌다. 특히 일상적인 날씨 패턴에서 큰 변화를 체감했다.

이토록 변화무쌍한 날씨

새벽이면 자연의 풍경 위로 얇은 안개가 깔리지만, 솟아오르는 태양이 금세 이를 태워 없애버렸다. 푸른 하늘이 시야를 메우고 온도는 해가 떠오르는 것과 동시에 빠르게 치솟았으며, 더위와 습도가 한껏 우리를 압박해오는 듯했다. 그런데 점심 무렵이 되면 하늘에 구름이 모여들기 시작하더니, 작은 조각구름들이 커다란 회색 뭉게구름으로 변하고, 이내 천둥이 울려 퍼졌다. 그리고 항상 그 뒤를 이어 세찬 빗줄기가 쏟아졌다. 굵고 직선으로 꽂히듯 내리는 오후의 폭우는 순식간에 열을 식혀주었고, 나무 위나 지붕 등 지면 위에 있는 모든 곳에서 물이 후드득 떨어졌다. 빗줄기가 잠잠해지면 이번엔 한결 시원해진 공기 속에 황금빛 석양이 다시 드러나 인사를 건네고, 곧 어둠에 잠기곤 했다. 이런 날씨는 매일 비슷하게 반복됐다.

중미 국가 중에서는 특히 코스타리카가 열대우림으로 유명하며, 다양한 국립공원을 통해 엄청난 생물다양성을 보존하려 애쓰고 있다. 우리가 자전거로 이 나라를 지날 때, 도로는 빽빽한 숲속을 뚫고 난 아스팔트 리본처럼 보였다. 나무 꼭대기 사이로 내리쬐는 햇빛이 빽빽한 그늘을 뚫고 들어와 도로 위에 점점이 빛의 반짝임을 떨어뜨렸고, 공기는 습기로 후끈했으며 곳곳에서 새와 곤

충 소리가 끊이지 않았다. 하지만 이 열대기후는 자전거 여행자에게 또 다른 도전을 안겨줬다.

초반에는 반가운 '더위 탈출구'처럼 느껴지던 오후의 비가, 포장도로를 순식간에 미끄러운 물길로 바꿔놓았다. 때로는 도로가 강바닥처럼 느껴질 정도였다. 바퀴가 도로에 닿을 때마다 물이 튀어올라 타이어가 완전히 잠기는 듯했고, 당연히 속도와 접지력이 크게 떨어졌다. 신발 안엔 물이 가득 차, 페달을 밟을 때마다 운동화혀 부분으로 물이 쭉쭉 빠져나왔다. 시야 확보도 문제였다. 헬멧에서 떨어지는 빗물과 앞바퀴가 튕겨내는 물보라가 끊임없이 눈과 입으로 들어와 고역이었다. 고글도 물방울과 이물질로 금세 뿌옇게 변하고 안쪽에 습기까지 차서 거의 쓸 수 없었다. 게다가 자전거 부품에 물이 스며들지 않도록 날마다 관리해야 했고, 녹이 슬지 않도록 세심히 신경 써야 했다. 축축한 발 역시 매일같이 조심스레 관리해야 감염을 피할 수 있었다.

코스타리카가 특히 인상적인 건, 나라 중앙 고지대에서 열대우림이 구름숲cloud forest으로 변하고, 고지대 정상부에서는 파라모paramo라고 불리는 열대 알파인 초원 지대가 나타나기 때문이다. 수도 산호세를 벗어나 해발 3,000미터까지 오르는 구간은 정말 독특한 경험이었다. 2번 국도를 타고 대륙 분수령을 향해 꾸준히 오르다 보면, 주변 환경이 극적으로 바뀐다. 울창한 열대우림은 이내

안개가 휘감는 신비로운 구름숲으로 변모하고, 기온이 급격히 떨어지며 그간의 무더위를 한순간에 씻어준다.

고도가 높아지자 공기가 희박해지고 산소가 부족해 페달을 밟는 강도도 자연스레 약해졌다. 해발 3,000미터를 넘어서면 풍경이 몽환적인 분위기를 띤다. 이끼를 두른 채 뒤틀린 형태로 자라는 키 낮은 나무들이 언덕 사면을 간신히 붙잡고 있고, 뒤틀린 가지는 마치 해골 손가락처럼 하늘을 향해 뻗어있다. 열대우림의 화려한 색감은 사라지고, 곳곳이 푸른빛이나 회색빛으로 채워진다. 저녁 무렵, 안개가 자욱한 나무 터널 한가운데서 자전거 조명을 켜기 위해 잠시 멈춰 섰을 땐 온몸이 부들부들 떨릴 만큼 추웠다. 하지만 아침에 출발했을 때는 작열하는 태양 밑에서 땀이 끓어오를 정도로 더웠던 참이니, 하루 만에 완전히 다른 세상을 경험한 셈이었다.

다음 날 아침, 구름숲을 빠져나가는 하강 구간 역시 매력적이었다. 고도가 낮아지면서 공기가 더 따뜻해지고 습도가 높아졌으며, 안개가 점차 엷어졌다. 바로 전날 회색빛이었던 숲은 다시금 생생한 빛깔을 되찾았다. 거대한 나무들은 가지마다 브로멜리아드나 난초 등 착생식물을 잔뜩 달고 양옆으로 우뚝 솟았고, 새들의 울음소리는 더욱 요란해졌다. 아침만 해도 고산지대의 차가운 안개 속이었는데, 이제는 다시 열대 밀림 한가운데로 돌아온 느낌이었다. 코스타리카의 이런 다양한 생태계는 극적인 기후와 풍광의 대조를 선사하지만, 전 세계적으로 보존 수준이 높은 편인 이곳조차 열대우림 지역이 상당히 훼손되고 있음을 실감할 수 있었다.

'파괴'는 전염된다

박사 과정 시절, 인간의 토지 이용 변화anthropogenic land use change가 전 지구 바람 침식wind erosion에 의한 먼지 발생량에 어떤 영향을 미쳤는지를 연구했다. 결론적으로 산업혁명 이후 인간이 토지를 광범위하게 개척하고 이용해온 결과, 전 지구 먼지 발생량이 약 두 배 가까이 늘었으리라는 결론을 얻었다.[1]

이는 폭발적으로 증가한 인구와 그에 따라 자원 소비가 늘어난 인류의 식량 수요를 충족하기 위해 어마어마한 면적의 땅이 농경지로 전환되었기 때문이다. 그렇게 숲이 벌채되고 식생이 광범위하게 제거되면서, 기후·토지·생물권 사이의 유기적 관계가 근본적으로 바뀌고, 인간의 물리적인 힘으로는 도저히 회복할 수 없는 생태계 파괴가 벌어졌다.

환경 과학자인 얼 엘리스Erle Ellis와 공동 저자가 2010년에 발표한 연구에 따르면,[2] 산업혁명 이전만 해도 지구 육지의 약 50퍼센트는 인간의 정착이나 이용 흔적이 없는 완전한 야생 상태였고, 45퍼센트는 소규모 농경이나 정착한 흔적이 보이는 '준^準자연 상태'를 유지했다. 인간이 실제로 거주하거나 농경이나 목축용으로 본격적으로 이용한 땅은 고작 5퍼센트에 불과했다. 그런데 2000년 무렵에는 얼음이 없는 지표면 중 55퍼센트가 정착지·농경지 등 인간이 이용한 용도로 바뀌었고, 20퍼센트 정도가 준자연 상태, 단 25퍼센트만이 야생으로 남았다. 300년 사이에 약 4000만 제곱킬로미터의 땅이 인간 용도에 편입된 셈이다.[3] 연간으로 따지면, 한국 영토 면적의 약 1.3배가 매년 야생에서 인간을 위한 용도로 바뀌었고 이 같은 일이 300년간이나 이어졌다는 뜻이다.

이 기간 동안 지구 열대상록수림의 3분의 1가량이 야생 혹은 준자연 상태에서 해방되어 정착지나 농경지로 변했다. 이는 산업혁명 이전 열대우림 면적의 대규모 손실을 의미한다. 세계에서 가장 넓은 열대우림인 아마존은 670만 제곱킬로미터(미국 48개 본토 주 면적보다 약 20퍼센트 작고, 인도의 두 배 이상의 크기)를 차지하며, 지난 50여 년간 그 주변과 내부 곳곳이 '산업적 용도'의 벌목으로 점차 훼손되고 있다. 대략 프랑스 영토와 맞먹는 크기인 원시림의 17퍼센트가 이미 사라졌는데,[4] 이는 목축지를 만들거나 현금작물 농경, 광산 개발 등을 위해 벌목된 결과다. 이를 더 짧은 기간으로 환산해보면 그 실상이 매우 충격적이다.

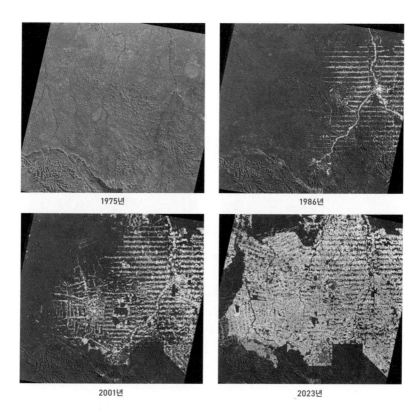

● 브라질 론도니아주의 위성 사진을 보면 원시림이 계속해서 사라지고 있는 것을 볼 수 있다. 2024년에는 론도니아주 원시림의 42퍼센트가 사라진 상태로 추정된다.

전 세계적으로 분당 대략 축구장 열 개에 해당하는 열대우림이 사라지고 있으며,[5] 그 절반이 아마존에서 벌어진다고 한다. 브라질의 론도니아주는 아마존 중에서도 벌목률이 가장 높은데, 위성 사진을 보면 1970년대부터 중심부인 아리케메스Ariquemes 주변 약

200제곱킬로미터 지역이[6] 순수 원시림에서 농경지로 완전히 바뀌는 모습을 볼 수 있다. 2024년에는 론도니아주 원시림의 42퍼센트가 사라진 상태로 추정된다.

학계에서는 이런 숲 파괴 패턴이 '감염병 확산'과 유사하다는 지적도 있다. 인접 지역이 훼손되면 주변 숲도 파괴될 가능성이 커진다는 것이다.[7] 도로가 정글 속으로 뻗어나가면, 벌목이라는 '전염'이 그 길을 따라 퍼진다. 브라질 인구가 최근 50년 동안 1억 800만 명에서 2억 1700만 명으로 늘어나는 동안, 새 도로나 인프라가 건설되면서 목재 수요와 값싼 농산물 수요가 폭발적으로 증가했다. 그 결과 지구에서 가장 생물다양성이 높은 숲들에서 콩 같은 단일 작물을 키우거나 목축지를 만들기 위해 벌목을 일삼았다.

1990~2000년대 초반에는 연간 최대 5만 제곱킬로미터(한국 면적 절반)에 달하는 숲이 파괴될 정도로 벌목이 극심했다가,[8,9] 정부의 규제와 감시가 강화되면서 2012년경엔 1만 7000제곱킬로미터 정도로 줄었다. 이후 2010년대 후반에는 주로 2만 제곱킬로미터 안팎 수준을 유지했으나, 2020년 보우소나루Bolsonaro 대통령 시기에 환경 규제가 대폭 완화되면서 2만 5000제곱킬로미터로 다시 뛰어올랐다.

탄소 측면에서 이런 대규모 숲 손실은 두 가지 이유로 재앙에 가깝다. 첫째, 숲이 줄어들면 광합성을 통해 대기 중 이산화탄소를 흡수하는 나무가 그만큼 사라져 인간이 배출한 이산화탄소가 대기에 더 많이 머무르게 된다. 더욱 치명적인 두 번째 이유는 아마존 같은 지역은 수천에서 수만 년 동안 대기 중 이산화탄소를 빨아들이며 탄소를 대량으로 축적해온 '거대 탄소 저장고'라는 점이다. 따라서 숲이 훼손될 때 이 저장된 탄소가 다시 대기 중으로 내뿜어져, 인위적 탄소 배출을 더 크게 부추긴다. 아마존은 흔히 '지구의 허파'라 불리는데, 전 육지의 탄소 흡수 능력 중 약 4분의 1가량을 담당한다고 추정된다. 하지만 1990년대에 비해 지금은 30퍼센트 적은 양의 이산화탄소만 흡수하고 있다.[10]

아마존 열대우림에는 지상 식물과 지하 생물을 통틀어 약 1230억 톤의 탄소를 품고 있다.[11, 12] 이는 산업혁명 이후 대기에 축적된 탄소량의 절반 정도에 해당한다. 숲이 훼손되어 그 방대한 탄소가 모두 대기에 풀려난다면 엄청난 기후 충격을 가져올 것이다. 그러나 이것은 단지 인위적 벌목에만 해당하는 것이 아니라, 기후변화로 인해 아마존 생태계와 지역 기후의 '긴밀한 상호작용'이 무너질 때 열대우림이 스스로 붕괴하는 티핑포인트를 넘어설 위험을 포함한다.

수천 그루의 나무를 밀어내고, 목축지나 콩 농장으로 이용하기 위해 인접 지역까지 연쇄적인 벌목이 이어지면, 열대우림이라는 복잡하고 정교한 생태계의 기반은 무너지고 만다. 열대우림 생물권은 굉장히 조밀한 공생 네트워크로 엮여있어, 한 생물의 배설물이 다른 생물에게는 영양분이 되는 식으로 영양 순환이 빠르게 이뤄진다. 그래서 열대우림의 대부분 영양소가 살아있는 개체 내부에 있고, 죽은 유기체도 곧바로 주변 생물에게 영양분으로 재활용된다. 토양에 축적될 새 없이 순환이 빠르므로, 실제 열대우림의 토양은 얕으며 산성화되어있고 영양이 빈약하다.

보통 농경을 위해 숲을 개간할 때는, 나무와 식물을 모두 자르고 불태우는 화전 방식을 택한다. 식생에 있던 영양분이 재 형태로 토양에 남아 처음 1~2년간은 작물이 잘 자란다. 하지만 그 영양이 소진되면 보충원이 없으니 수확량이 떨어지고, 농부들은 또다른 숲을 찾아 같은 과정을 반복하게 된다. 이후 목축업자들이 들어와도 지표면 초목이 빈약해진 상태에서 가축이 돌아다니면 빗물에 토양이 씻겨나가, 불과 몇 년 만에 그곳은 척박하고 쓸모없는 땅으로 전락해버린다. 이렇게 토양이 뜨거운 태양 아래에 노출되고, 식물과 대기 간 물 교환이 끊기면서 우림 지대가 사막화되기도 한다. 넓은 구역의 숲이 사라지면 지역 기후와 대기의 상호작용이 영향을 받는데, 이는 곧 기후변화를 더욱 심화시킨다.

앞 장에서 이야기했듯, 열대지방 바람은 지구 자전으로 인한 코리올리 효과 때문에 일반적으로 동쪽에서 서쪽 방향으로 불며, 이를 무역풍이라고 부른다. 과거 범선 시대에 유럽과 아프리카에서

● 농경지나 목축지를 만들기 위해 원시림이 개간되고 있다. 이렇게 벌목을 하게 되면 기존에 숲에 축적되어있던 탄소가 배출될 뿐 아니라 이산화탄소를 흡수할 나무가 사라져 온난화가 더욱 심각해진다.

야생을 잃은 열대우림

아메리카로 향하는 항로를 따라 무역이 발달했던 건 이 바람 덕분이다. 아마존 우림에 있어 이 무역풍은 대서양에서 남아메리카 대륙 깊숙이 수분을 실어 오는 중요한 경로다.

흥미롭게도 이 무역풍은 사하라 사막에서 해마다 7억 5000만 톤에 가까운 엄청난 양의 먼지를 대서양 건너 남아메리카와 유럽으로 옮긴다. 이는 매년 이집트 기자의 대피라미드 120개를 바다로 실어 나르는 셈이다. 이 먼지 중 약 2만 9000톤이 인광 물질로 추정되며, 아마존에 쌓여 숲의 핵심 영양소 공급원이 된다.

스스로 비를 부르는 나무들

사실 아마존 우림은 '항상 비가 오는 습지'가 아니다. 뚜렷한 우기와 건기가 존재한다. 북반구 여름(7월)에는 무역풍이 살짝 북쪽에 자리해 아마존 북부 분지가 우기가 되고, 북반구 겨울(남반구 여름)에는 무역풍과 우기가 남쪽으로 내려온다. 인공위성 자료에 따르면, 건기에는 구름이 적어 햇빛이 풍부해서 우림이 더 빠르게 자라고, 오히려 비가 잦은 우기에는 구름이 햇빛을 가려 광합성이 줄어드는 것으로 관측됐다. 즉 현재로서는 대부분 지역에서 우림의 성장은 물이 아니라 빛에 의해 제한되고 있다. 과학자들이 데이터를 자세히 들여다보니 계절성 우기·건기를 우림이 통제한다는 놀라운 사실이 드러났다. 말하자면 숲이 스스로 건기에 잎을 늘림으로써 더 많은 물을 증산하여 비를 부르고, 그 비가 다시 우기를 시작하게 만든다는 것이다.

건기에 들어서 숲이 더 무성해지면 잎의 양이 약 25퍼센트가량 증가한다. 각 잎에는 기공stomata이라고 불리는 작은 구멍이 수천 개씩 나있는데, 이 구멍을 통해 나무는 광합성 시 이산화탄소를 받아들이고 동시에 수증기(그리고 일부 유기물)를 공기 중으로 내보낸다. 이를 증산작용이라 하며, 식물 입장에서는 체온 조절과 함께 지하의 영양분을 위로 끌어올리는 역할도 한다.

잎이 많아질수록 증산량이 많아져 공기 중으로 더 많은 수분이 배출된다. 이 수분은 따뜻한 공기와 함께 상승하고, 그 과정에서 숲이 내뿜은 미세한 유기 입자들이 물방울 형성을 돕는다. 수증기가 액체로 바뀌면서 열을 내놓고(응결 잠열), 이는 공기 덩어리를 더 높이 밀어 올린다. 고도가 올라갈수록 공기는 식지만, 응결열 덕에 주변보다 상대적으로 더 따뜻하고 가벼워 떠오르게 된다. 그러면서 더 많은 수증기가 응결되어 열을 내놓는 상승효과가 반복되고 그 결과로 거대한 뇌우를 일으킨다.

또한 이 상승기류는 지상에 저기압대를 만들어, 대서양에서 불어오는 무역풍을 남아메리카 내륙으로 끌어들인다. 결국 이 무역풍이 우기 혹은 남미 몬순을 개시해, 수 개월간의 비를 내려 숲을 다시 윤택하게 한다. 아마존 남반구 지역에서 우기가 시작되기 약 90일 전부터 숲의 증산 작용에 의한 '고도 대기 가열'이 감지되고 40일 뒤 북쪽에서 남쪽으로 이동하는 방향 공기 흐름이 전환되어, 그로부터 50일 후 본격적인 우기가 시작된다는 연구가 있다. 다시 말해 숲이 스스로 증산작용과 유기 입자 방출로 비를 불러 삶의 터전을 유지한다는 것이다.

하지만 광활한 숲이 벌채되면 이 기능이 상실된다. 건기에 숲이 잎을 늘려 습기를 내뿜고 대기 불안정을 야기해 우기를 부르는 메커니즘이 약화되는 것이다. 그렇게 되면 우기가 찾아오지 않고 숲은 다시금 비를 공급받지 못한다. 론도니아 지역 연구에 따르면, 숲이 사라진 지역에서는 우기가 약 11일 정도 늦춰지고 건기가 5~6개월로 늘어날 것이라는 예측이 있다.[13]

열대우림은 일종의 음의 되먹임* 구조로 스스로를 식힌다. 건기·고온이 오면 증산량이 커지고, 이는 구름과 대기 순환을 유도해 온도를 내리며 증산량을 다시 줄이는 식이다. 하지만 숲이 없다면, 양의 되먹임이 작동한다. 식생이 사라진 지표는 저장된 물이

---

* 시스템에 초기에 주어진 입력이 어떤 과정을 통해 결과를 만들어낼 때, 그 결과가 다시 초기 입력에 영향을 주어 과정이 반복되면서 최종 결과에 영향을 주는 것을 의미한다. 음의 되먹임은 기후변화를 억제하고, 양의 되먹임은 기후변화를 증폭시킨다.

없어지고, 날씨가 덥고 건조해지니 증산 작용이 충분히 일어나지 못해 구름을 만들기 어렵다. 결국 더운 날씨가 지속되고 땅이 풀밭 정도의 상태로 전락하다 사막화로 치달을 수 있다. 여기에 전 지구온난화까지 겹치면, 훼손된 우림이 완전히 건조화될 위험이 커진다. 연구에 따르면 전체 아마존 숲의 30~50퍼센트가 사라지면, 숲이 더는 이 몬순을 '스스로 불러올' 힘을 상실해 돌이킬 수 없는 퇴화를 겪을 가능성이 크다. 그렇게 되면 숲에 저장된 엄청난 탄소가 대기 중으로 방출되어, 기후변화를 더욱 부추길 것이다.

이처럼 열대우림 파괴의 영향은 해당 지역을 훨씬 넘어선다. 막대한 양의 온실가스가 배출된다는 직접적 결과 외에도, 대기 중 수분량이 줄어들어 전 지구적 기압계와 순환이 변화해 기온 상승을 낳을 수 있다. 온실가스를 고려하지 않아도 열대우림 전체가 없어진다면 지구 평균 기온이 최대 0.7°C가량 더 오를 수도 있다. 증산작용과 기압 분포 변화가 전 지구 대기에 영향을 미치기 때문에, 아마존이 파괴되면 북·중미 지역에 비가 현저히 줄고, 대신 미국 북동부, 스칸디나비아, 시베리아 쪽에 강수량이 늘어날 수 있다는 기후 모델 결과도 있다.[14]

서아프리카나 동남아시아 열대우림이 사라져도 유사한 광역 효과가 나타난다. 결국 열대우림의 파괴는 그 지역만의 문제가 아니다. 기후변화의 한 원인이 되기도 하고, 동시에 기후변화에 의해 더

욱 악화될 뿐 아니라, 수천 킬로미터 떨어진 곳의 수자원 확보나
농업 생산성에도 치명적인 파급효과를 미칠 수 있다.

아마존 열대우림

지구의 허파로 불리는 아마존 열대우림은 지구 기후 시스템에 매우 중요한 지역이다. 한반도 31배 크기의 거대한 열대우림이 인류가 내뿜은 탄소 배출량의 15~20년치에 해당하는 탄소를 저장하며 탄소 흡수원 역할을 하기 때문이다.

하지만 그간 무분별한 개발과 환경 파괴로 열대우림 면적의 13퍼센트가 사라졌고, 3분의 1 가량은 '허파' 역할을 하지 못하고 있다. 여기에 더해 이상기후 등 범지구적 기후위기까지 덮쳐 상황을 악화시킨다. 여러 연구를 종합해보면 기후위기로 인한 가뭄과 삼림 벌채 등의 영향으로 아마존 열대우림이 2050년에는 생태계 복원이 불가능한 임계점을 넘을 수 있다는 경고음도 있다.

최근 아마존 열대우림은 이상기후와 맞물려 많은 화재가 발생하면서 기온이 크게 상승하고, 열대 북대서양 해역과 멕시코만에서 관측되는 온난화에 의해 공기가 건조해지면서 강우량이 줄어 극심한 가뭄이 길게 이어지는 등 기후변화로 인한 직접적인 피해가 계속해서 발생하고 있다.

CHAPTER 7

검은 여름이 찾아온다

산불과 재앙의 상호작용

호주에서 산불은 드문 일이 아니다. 건조하고 더운 계절이면 매년 일부 지역에서 화재가 발생한다. 사실상 호주의 많은 식물에게 불은 생태계 균형을 유지하고 번식과 재생산을 돕는 중요한 자연 메커니즘 중 하나이다. 호주의 지형은 오랫동안 불을 자연스럽고 빈번한 사건으로 간주하며 진화해왔고, 이에 맞춰 적응해 살아남은 토착 식물종도 무척 많다. 예를 들어 아카시아 씨앗은 매우 단단한 껍질로 둘러싸여 있어 강한 열이 가해져야만 껍질이 갈라지고, 뱅크시아의 열매도 불로 인한 열을 받아 벌어지면서 씨앗을 방출한다. 어떤 종은 연기에 들어있는 화학물질에 의해 발아가 촉진되기도 한다. 이처럼 불에 적응한 종들은 불이 휩쓸고 지나간 땅 위에 영양이 풍부한 재가 쌓이고 경쟁 식생이 사라져 더 많은 공간과 빛을 확보하게 되는 이점을 누린다. 또 몇몇 유칼립투스 나무의 경우, 껍질 밑에 있는 싹눈이 산불이 난 이후에 새롭게 자라나는 능력을 갖추고 있다.

하지만 자연 흐름의 일부로 땅을 풍요롭게 하고 생태계를 재구성하는 역할을 하는 산불과 달리 최근 호주를 비롯한 곳곳의 산림에서 발생하는 산불은 온실가스의 폭발적인 증가와 생태계의 인위적인 파괴 등에서 비롯된 것이다. 극심해지는 기후변화로 인해 한번 발생한 산불은 걷잡을 수 없이 빠르게 번지게 된다. 불이 자연환경의 국지적 재생 또는 갱신에 기여할 수 있음에도, 더 높아진 기온과 장기적인 가뭄, 그리고 인간 거주 지역 보호를 위한 산불 억제 등으로 인해 산에는 죽은 식물이나 말라붙은 덤불 같은 연료가 쌓이게 되어 언제든 대형 화재가 터질 수 있는 화약고 상태가 만들어졌다.

호주의 검은 여름

2019~2020년에 발생한 블랙 서머Black Summer로 불리는 호주의 산불은 국가 역사상 가장 심각한 재난 중 하나였으며, 광범위한 환경·경제·사회적 파장을 남겼다. 2019년 6월부터 2020년 5월까지 이어진 이 불은 여러 주에 걸쳐 큰 피해를 입혔고, 특히 뉴사우스

웨일스와 빅토리아가 가장 심각한 타격을 받았다.

블랙 서머 산불의 규모는 전례가 없었다. 추정치로 약 2400만 ~2600만 헥타르가 불에 탔는데, 이는 한국 국토 면적의 두 배 이상으로 2018년 캘리포니아 화재로 인한 소실 면적의 일곱 배, 2019년 아마존 열대우림 화재 때의 세 배에 달한다. 환경적 피해도 매우 컸다. 약 10억 마리에 이르는 포유류·조류·파충류가 목숨을 잃었다고 추정되며, 호주 고유종이 특히 심각한 타격을 받았다. 예컨대 코알라의 경우, 뉴사우스웨일스 중북부 해안 지역 개체군의 30퍼센트 이상이 소실됐을 가능성이 제기되었다.

경제적 피해 역시 막대했다. 주택만 3,000채 이상이 전소되거나 파손되었는데, 그중 뉴사우스웨일스에서만 2,448채, 빅토리아에서는 약 405채가 소실되었다. 전력선 같은 기반 시설이 무너졌으며 일상생활이 마비되었다. 블랙 서머 산불의 전체 피해액은 1030억 호주달러 이상으로 추정되는데, 호주 역사상 가장 피해액이 큰 자연재해다. 인명 피해로는 직간접적으로 33명이 사망했으며, 연기와 극도로 악화된 대기질 때문에 건강 문제가 심각했다. 화재로 인한 연기는 호주 역사상 최악의 대기 오염을 야기했고, 그 영향은 피해 지역뿐 아니라 뉴질랜드와 남아메리카에까지 미쳤다. 시드니에서는 대기질 지수^{AQI}가 여러 차례 '위험^{hazardous}' 범위를 넘었고, 어떤 측정값은 안전 기준의 10배 이상 치솟아, 취약 계층을 중심으로 건강에 큰 악영향을 미쳤다.

그해 여름 나는 호주에 살고 있었는데, 평소에는 정말 푸르르던 하늘이 산불로 인해 몇 달간 뿌연 회색빛 연무에 갇혀있었다. 공기에는 늘상 매캐한 연기 냄새가 진동했다. 집 밖에서 빨래를 말리면 금세 재와 검은 잔해 조각이 묻었고, 평소라면 숲이나 해변에서 보내곤 했을 밝은 여름날에도 연기를 피하고자 실내에 갇혀 지내야 했다. 도로는 폐쇄되고 소방 헬기가 하늘을 맴도는 광경이 계속되었지만 불길은 몇 달씩 잡히지 않았다.

특히 기억에 남는 건 늘 깨끗하던 해변이 하늘에서 떨어진 재와 하천을 통해 바다로 흘러든 그을음으로 인해 검게 물든 풍경이었다. 파도가 닿았던 자리마다 까만 물 자국이 길게 이어졌고, 파도 자체도 탄 화염 잔해로 범벅이 되었다. 호주에서 산불이란 생태계 순환의 역할을 하는 자연적 현상의 일부로 여겨지는 게 당연했음에도, 당시 상황은 그전과는 완전히 달랐다. 2019~2020년의 화재는 장기 가뭄과 기록적 고온, 강풍이 맞물려 불의 규모와 확산을 부채질했다. 향후 기후변화가 더 진행되면, 호주는 한층 높은 기온과 길고 강렬한 가뭄에 직면할 것으로 전망되므로 더 큰 피해가 반복될지도 모른다.

기후변화라는 방화범

　자연환경은 서로 밀접히 연결된 자연 시스템의 그물망이며, 바로 이 땅 위에서 지구의 기후와 지질학적 작용 그리고 다채로운 생태계가 맞물려 상호작용을 일으킨다. 그중 작은 불씨 하나만으로도 화재가 쉽게 발생해 자연 전반을 휩쓸며, 각 시스템이 서로에게 미치는 영향까지 뒤바꿔놓을 수 있다. 그런데 기후변화는 이 자연적 불씨에 더해, '방화범이자 증폭기 역할'을 수행하여, 과거에 비해 비교적 드물어진 자연적 사건들을 점점 더 파괴적인 양상으로 바꾸고 있다.

　산불은 여러 요인에 의해 발생하지만, 자연적 환경 조건과 인간 활동 그리고 기후변화가 서로 맞물려 그 발생 확률을 높이거나 불길을 키우는 경우가 많다. 천둥번개와 자연 발화는 예부터 생태계 순환의 일부였으나, 인간이 유발한 기후변화가 산불을 일으키는 자연적인 조건을 근본적으로 바꿔버렸다. 기온 상승과 장기 가뭄, 식생 패턴의 변동 등이 하나로 합쳐지면, 광활한 지형이 '불쏘시개'를 잔뜩 머금은 상태로 변한다.

　전 세계 여러 지역에서 여름 기온이 꾸준히 오름세다. 식물체에서 수분이 빠르게 증발하면 점점 건조해지고, 그만큼 작은 온도 상승에도 화재 위험이 가파르게 커진다. 캘리포니아·호주·지중해 연안처럼 이미 이같은 현상이 뚜렷한 지역에서는 과거 통계와 달리 길고 강렬한 화재 시즌이 이어지고 있다. 문제는 기후변화가 단순히 산불의 발생 확률만 높이는 게 아니라, '화재생태학^fire ecology' 자체를 재편한다는 점이다. 기온이 높아지면 화재가 일어날 수 있는 기간이 길어지고, 눈 녹는 시점이 앞당겨져 숲이 일찍 마르며 불이 붙을 틈이 더 커진다. 해충의 번성으로 약해진 숲은 죽은 나무처럼 산불을 키울 수 있는 연료를 공급해 화재를 한층 통제 불능 상태로 몰고 간다.

이러한 불은 바로 주변 서식지들을 즉각 집어삼키는 동시에 더 장기적인 후유증도 남긴다. 불길에 녹아버린 생태계 구성원뿐 아니라, 토양 미생물 군집이 화염에 소실되면 재생이 어려워진다. 토양이 강한 열에 노출되어 멸균 상태가 되면, 식물 재생을 돕는 핵심 미생물이 사라져 생태계 회복이 난관에 부딪치는 것이다.

장기적으로는 숲에서 막대한 양의 이산화탄소가 방출되어, 기후변화를 가속하는 피드백 루프가 형성된다. 숲이라는 탄소 흡수원이 단숨에 방대한 탄소 배출원으로 바뀌는 것이다. 몇 시간 만에 수십 년간 축적된 탄소를 한꺼번에 내뿜는 이른바 '탄소 폭탄^carbon bomb' 상황이 벌어지고, 기후 혼란을 더욱 심화한다.

생물다양성도 엄청난 타격을 입는다. 불에 적응한 일부 숲이나 식생은 회복이 가능하지만, 역사상 유례없던 빈도의 대형 화재가 반복되면, 알프스나 고위도 침엽수림, 열대우림 같은 지역은 되돌릴 수 없는 생태계 전환을 맞이할 수도 있다.

물줄기나 수자원도 큰 영향을 받는다. 불에 탄 땅은 지표면이 안정성을 잃고, 침식이 빨라진다. 화염이 지나간 뒤, 숲 지면을 구성하던 복잡한 뿌리와 균사, 부식 물질 등이 소실되면 물의 흐름이 완전히 달라진다. 본래는 물을 흡수하고 서서히 배출해주던 다층 구조가 파괴되어, 비가 내리면 지표를 따라 급속도로 흘러내려 홍수나 산사태가 빈발한다. 결과적으로 하류 지역은 유기물, 재, 토사 등이 한꺼번에 밀려들어 수중 생태계가 질식하고, 물의 화학적 성상도 급변한다. 이러한 대규모 침식과 퇴적은 단 한 차례의 비로도 수십 년 치 지형 변화를 압축해 일으킬 수 있고, 토양이 유실된 땅은 다시 숲을 복원하기 어려워진다.

산악 지대라면 사태가 더 심각해진다. 가파른 지형에서 불에 취약해진 지표가 한꺼번에 무너지며, 토석류나 대규모 산사태가 일어나 주변 커뮤니티까지 파괴하기도 한다. 기후변화는 화재와 강수량 모두를 극단화해 이런 현상을 더욱 자주 일어나는 패턴으로 만든다. 이처럼 소실된 땅을 복원하려면, 단순히 묘목 심기로는 부족하다. 토양 미생물 재도입, 침식 방지책, 물 흐름 관리 등 복합적인 접근이 필수다.

불구름이 치솟다

최악의 야생 화재 시나리오에서는 불길이 대기를 뒤흔들 만큼 강력해져, 땅 위 화염이 곧 독자적 기상 시스템이 되어버릴 수 있다. 이를테면 화재적란운cumulonimbus flammagenitus 또는 pyrocumulonimbus이라 불리는 기상 현상이 그 예다. 극한 화재가 엄청난 열과 수분을 대기 경계층 위로 밀어 올려, '불을 뿜는(불로 움직이는) 폭풍'이라 불릴 정도의 뇌우를 만들어낸다.

쉽게 설명하자면, 지상에서 인위적으로 형성된 불길이 기존 기상 시스템을 압도할 만큼 엄청난 열을 분출해 연기, 재, 미세입자를 수직으로 치솟게 하여 독자적인 구름을 형성한다는 뜻이다. 단지 연기가 솟아오르는 정도가 아니라, 화염이 기상역학을 뒤바꾸는 '열기관heat engine'처럼 작동해 번개나 돌풍 등의 복잡한 기상 요소를 만든다.

이 구름은 엄청난 에너지를 기반으로 10~15킬로미터 높이(항공기 순항고도에 맞먹는 수준)까지 치솟을 수 있다. 안에서는 강렬한 상승기류가 생성되며, 건전乾電 번개(비가 제대로 내리지 않는 상태에서 발생하는 번개)를 방출해 주변에 2차 화재를 일으킬 수도 있다. 또 불길이 만들어낸 토네이도성 강풍까지 불러올 정도로 위력이 강하다.

● 화재적란운은 대형 산불 등 극심한 화염에서 발생한 열과 수증기가 대기 상층으로 치솟아 만들어지는 강력한 뇌운이다. 이 구름은 번개와 거센 바람을 일으켜 2차 화재를 유발할 수 있으며, 기상학적으로도 매우 위험하고 예측하기 어려운 현상이다.

이렇게 탄생한 화재적란운은 단순히 뇌우만 발생시키는 것이 아니다. 화재가 그대로 기후 시스템 일부가 되어 폭풍을 일으키고, 반대로 이 폭풍이 화재를 부채질하는 식의 예측 불가능한 연쇄작용이 벌어진다. 더 나아가, 이 구름은 연기와 재, 미세입자를 성층권까지 밀어 올려 일부 지역이나 전 지구적 기후에 일시적이지만 무시할 수 없는 영향을 미친다. 2019~2020년 호주 산불 때에도, 이런 화재적란운 현상이 관측되어 대기 상층에 막대한 양의 연기가 흡수되었다.

결국 이 구름은 극단적 화염과 대기 사이에서 발생하는 '재앙적 상호작용'을 보여준다. 화재가 단순히 대기에 영향만 받는 존재가 아니라, 스스로 날씨를 만들고 변형하며 심지어 통제하기까지 하는, 복합적이고도 동적인 시스템이 되어버리는 것이다. 기후학자와 화재생태학자에게 이런 현상은 단순한 호기심거리가 아니라, 기후변화가 야기하는 극단적 화재 행동을 나타내는 상징적 신호다.

캐나다 브리티시컬럼비아에서 2021년 6~7월에 발생한 대형 산불은 이런 기후변화, 야생 화재, 환경, 기후 피드백 같은 요인들이 실제로 어떻게 맞물리는지 극적으로 보여주었다. 2021년 6월 25일부터 7월 2일까지 북아메리카 태평양 북서부 지역은 전례 없는 폭염에 시달렸는데, 평균 기온보다 16~20℃ 높았고, 해당 지역 곳곳에서 역사적 최고 기온이 종전 기록보다 최대 5℃나 높아졌다. 6월 29일, 브리티시컬럼비아의 리턴 지역은 49.6℃라는 캐나다에서 기온을 측정한 이래로 사상 최고 기온을 기록해, 이전 최고치를 4.6℃ 이상 경신했다. 이는 북위 50도 이상 지역에서 관측된 최고치보다도 5℃ 높은 기록이었다. 이 극단적 더위로 인해 주민 619명이 사망했는데, 그다음 날 리턴 마을은 산불이 덮쳐 대피령이 떨어졌고, 결국 마을 전체(주택 300채)가 전소되었다.

이는 거대한 열돔으로 연결된 수천 건의 산불 중 하나였다. 2021년 7월 한 달에만 미국과 캐나다를 합쳐 3만 2000제곱킬로미터 이상의 산림이 불에 탔다. 특히 리턴 화재는 워낙 강력해 대규모 화재 적란운 현상을 일으켰고, 여덟 시간 만에 5만 건 이상의 번개가 발생해 새로운 화재가 계속 번져나갔다. 이 불은 몇 달간 계속돼 9월 8일에서야 '진화 통제'를 선언할 수 있었다.

그 뒤 2021년 11월, 해당 지역엔 열대 태평양에서 엄청난 습기를 몰고 온 '대기의 강atmospheric river'이 이틀간 집중호우를 쏟아부었다. 그 결과로 대규모 홍수와 산사태가 일어났고 그로 인해 많은 이재민이 발생했으며 다리, 고속도로, 철로가 떠내려갔다. 최악의 기반시설 피해 지점들을 살펴보니, 2021년 초 대형 산불로 심하게 소실됐던 지역과 겹치는 곳이 많았다. 기후변화가 없었다면, 2021년 6월에 시작된 그 폭염의 발생 가능성은 최소 150분의 1로 줄었을 것이라는 분석도 있었다.

이처럼 가장 위험한 점은 자기 강화적self-reinforcing 구조다. 더 많은 화재가 더 많은 이산화탄소를 내뿜어 기온을 높이고 극단적 기후를 부채질하며, 이는 다시 화재 위험을 높여 생태계를 한계 너머로 몰아간다.

한국에서도 2022년 울진에 초대형 산불이 덮치면서 역사상 유례없는 참사를 겪었다. 단 열흘 남짓한 기간 동안 1만 헥타르 이상의 산림이 잿더미로 변해버렸다. 이 불길은 숲에만 국한되지 않고, 지역 주민의 삶과 지역 경제 전반을 무너뜨렸다. 산림청과 소방 당국이 총력을 기울였으나, 험준한 산악 지형과 강풍이 맞물려 진화가 쉽지 않았다.

산불은 작은 불씨에서 시작됐다. 초기에는 산속 깊은 곳에서 일어난 소규모 화재였지만, 건조해진 기후와 강한 바람이 불길을 키워 울진 일대 숲을 순식간에 삼켜버렸다. 불길이 가파른 산비탈을 타고 번져 올라가자, 주민들이 긴급 대피에 나서야 했다. 노인에서 아이까지 수많은 사람이 임시 대피소로 몰렸고, 일부는 집이 타는 장면을 그저 지켜볼 수밖에 없었다.

그런데 화재 직후 쏟아진 집중호우는 또 다른 재앙을 불렀다. 나무가 다 타버리고 사라져 토양이 노출된 상태에서, 빗물이 지표에 스며들지 못해 토사가 유실되고 대규모 산사태가 발생한 것이다. 실제로 산불이 잦아든 지 한 달도 안 되어 쏟아진 폭우가 울진 지역을 덮쳐 농지와 주택이 토사에 묻혔고, 그 피해 규모는 배가 됐다. 원래 숲은 빗물을 일정 부분 흡수하면서 지반을 묶어두지만, 불에 그을린 지표면은 물을 튕겨내듯 흘려보내 홍수와 산사태 위험이 극도로 커지기 때문이다.

이 사건은 점점 더 심각해지는 기후위기의 현실을 적나라하게 드러낸다. 과거에는 특정 계절에만 산불이 집중됐다면, 최근에는 계절의 경계가 무색해질 만큼 때를 구분하지 않고 강력한 화재가 곳곳에서 나타난다. 과학자들은 지구온난화로 인해 기온이 올라

감에 따라, 산불이 발생하는 조건이 더 쉽게 갖춰진다고 경고한다. 게다가 예년보다 빠르고 높은 기온 상승, 건조한 대기, 강풍 등 극단적인 기상 패턴이 동시에 겹치면, 작은 불씨가 대형 화재로 번질 위험이 더욱 높아진다.

특히 대형 산불은 숲이 불에 타는 순간, 탄소 흡수원의 기능을 무너뜨려 기후변화를 가속하는 악순환을 일으킨다. 산림은 광합성을 통해 대기 중 이산화탄소를 흡수함으로써 지구의 기후를 안정시키는 핵심 축인데, 화염이 나무들을 한순간에 재로 만들면 그만큼 흡수 능력이 감소하게 된다. 그뿐만 아니라 화재 과정에서 숲속에 이미 축적되어있던 탄소가 이산화탄소 형태로 대기 중에 대량 방출되기도 한다. 이런 상황이 반복되면, 기후위기가 심화되는 속도는 걷잡을 수 없게 된다.

또 하나의 문제는 나무가 사라진 숲이 집중호우에 훨씬 취약해진다는 점이다. 뿌리와 낙엽, 부엽토 등이 빗물을 흡수하고 서서히 배출하던 체계가 파괴되어, 비가 내릴 때마다 토사가 한꺼번에 쓸려 내려온다. 실제로 2019~2020년 호주 산불이나 2021년 캐나다 브리티시컬럼비아 화재 사례에서도, 불에 탄 지역이 이후에 닥친 폭우 때 산사태나 홍수 피해를 크게 겪었다는 연구가 보고됐다. 울진 역시 마찬가지 시나리오를 밟은 셈이다.

미국 서부에서도 1984년~2015년 사이 대형 산불 발생 건수가 두 배, 연간 소실 면적 또한 두 배로 늘었다. 1971년~2021년 사이 캘리포니아 여름 산불로 인한 피해 면적은 320퍼센트나 증가했는데, 기후변화가 명백한 주원인이라는 연구 결과도 있다. 미국 환경보호청EPA은 지구온난화로 기온이 상승하고 봄눈이 빨리 녹으면서 화재 시즌이 늘어나고, 화재 건수와 면적이 함께 증가한다고 분석한다. NASA가 진행한 연구 역시, 기온 상승과 함께 봄철 눈이 일찍 녹고 여름이 길어지면서 산림이 건조해지고, 화재 발생 위험이 대폭 올라간다고 지적한다. 미국 해양대기청NOAA 또한 기록적 고온과 장기 가뭄이 산불 위험을 높인다고 밝히며, 산불 시즌이 길어지면서 산림 소실, 생태계 붕괴, 인간 건강 피해, 기후 악순환이 맞물린다고 경고한다.

울진에서 벌어진 상황은 이러한 전 지구적인 악순환의 하나의 사례라고 볼 수 있다. 기온이 빠르게 오르고 비가 적게 온 겨울과 이른 봄이 겹쳐 숲이 메말라있었고, 결국 작은 불씨가 '대형 화재'로 치달았다. 화마가 휩쓸고 간 뒤에는 산사태와 홍수가 뒤따랐고, 파괴된 토양과 숲은 기후위기에 맞서 싸울 힘마저 잃었다. 이 모든 흐름이 바로 우리 눈앞에서 전개되었다. 과거에는 먼 나라 이야기처럼 들리던 '폭염·가뭄·강풍으로 인한 산불'이라는 시나리오가 이제는 한반도에서도 현실화된 셈이다.

결국 울진 산불은 기후변화가 이미 우리의 일상에 스며들어 있음을 증명한다. 온난화된 기후가 더 강하고 잦은 화재를 부르고, 화재는 다시 기후변화를 가속하는 쪽으로 작용한다. 여기에 산림 훼손의 후유증(산사태와 홍수 피해)은 인간의 안전과 생계를 위협한다. 이는 '산불 → 숲 손실 → 온난화 가속 → 더 큰 산불'이라는 악순환 구조의 전형을 보여준다.

이 책을 마무리하고 있는 2025년 3월, 경북 의성과 산청을 시작으로 건조한 날씨와 강풍을 타고 산불이 빠르게 번지고 있다. 부디 많은 피해가 없기를 바라본다.

산불

기후위기로 인해 산불의 발생 빈도와 규모가 매년 늘어나고 있다. 2024년 산림청에서 발행한 '2023년 전국 동시다발 산불백서' 보고서에 따르면, 2020년대 산불 피해 면적은 2010년대 대비 약 10배 증가했으며 산불 발생 일수도 지속적으로 늘어나고 있는 것으로 분석됐다. 특히 지금과 같이 온실가스를 배출해 지구 평균 기온이 산업화 이전 대비 1.5~2.0도 상승할 경우 산불 발생 위험지수는 최대 13.5퍼센트 증가하는 것으로 나타났다.

대형 산불의 발생 또한 2010년 이후 증가했다. 대형 산불 확산의 원인 역시 기후위기로, 온난화로 인해 기온이 상승함에 따라 대기 내 수증기가 증발해 건조한 기후가 심화되었고 이로 인해 산림은 거대한 불쏘시개 역할을 해 산불이 빠르게 확산되는 데 일조했다. 산불로 인해 발생하는 온실가스와 에어로졸의 증가는 또다시 기후변화에 영향을 미쳐 산불 발생과 기후변화 모두에 악순환을 유발한다.

에필로그

2007년 여름철 북극해의 총 빙하 면적이 사상 최저치를 기록했다. 북극 해빙은 전례 없는 속도로 녹아내렸고 나의 친구이자 탐험 파트너인 롭 건틀렛은 얼음이 깨지면서 북극해 한복판에 빠져 사실상 거의 죽을 뻔했다. 기록적인 폭염이 미국을 휩쓸었고, 우리는 위험한 수준의 폭염에 시달리면서 수천 킬로미터를 자전거로 달렸다. 남극 대륙에서는 한 도시 크기의 빙붕이 떨어져 남극해에 거대한 빙산들이 흩어져 나와 항해 중인 배의 항로를 막았다. 모두 심각한 기후 재난이었다. 이 모든 일들이 한 해에 일어난 일이었다.

2007년의 지구 평균 기온은 산업혁명 이전과 비교해 0.9℃ 높았다. 그리고 2024년의 지구 평균 기온은 산업화 이전 기간보다 1.54℃ 높은, 역대 최고 기록을 세웠다. 이는 2007년보다 무려 0.64℃ 더 높은 수치다.

기후위기는 더 이상 부정할 수 없는 사실이며, 점점 더 가속화되고 있다. 2007년 경험한 극단적인 기후 현상은 환경과 기후변화에 대해 연구하는 계기가 되었지만, 최근 몇 년 동안 발생한 기후 재앙에 비하면 2007년에 겪었던 일들은 오히려 아무것도 아닌 일이 되었다. 인류가 생존하고 번영할 수 있는 안정적인 지구를 만들어낸 기후와 환경의 복잡한 피드백 네트워크가 인간에 의해서 붕괴되고 있다. 인류의 터전이었던 지구 생태계의 기초가 흔들리고 있다. 지구는 명백하게 불균형 상태에 진입했다.

2015년, 전 세계 196개 국가와 단체의 대표들이 기후변화에 대해 논의하기 위해 유엔이 개최한 COP 21 회의에 참여하기 위해 파리에 모였다. 그들은 파리협정에 서명했다. 파리협정은 서명국들이 '지구 온도 상승을 산업화 이전 수준보다 2℃ 이하로 유지하고, 이를 1.5℃로 제한하기 위한 노력을 추구함으로써 기후변화의 위험과 영향을 크게 줄일 것'을 약속한 국제 조약이다. 하지만 2024년 처음으로 평균 기온이 산업화 이전과 비교해 1.5℃를 초과했다. 2015년 전 세계가 약속했던 바로 그 숫자다. 이미 넘어버린 1.5℃는 더 이상 의미 없는 숫자에 불과한가 묻는다면, 그렇지 않다.

우리가 자라온 지구, 그리고 오늘날 우리가 알고 있는 지구는 이 책에서 설명한 것처럼 상호 연결된 시스템과 환경으로 구성되어있다. 지구를 이루는 핵심적인 시스템과 환경은 각각 지구 생태계 전체의 안정성을 유지하는 역할을 한다. 하지만 각각의 시스템과 환경은 회복탄력성을 넘어서는 티핑포인트가 있으며, 이 티핑포인트를 넘어서버리면 완전히 새로운 상태로 전환된다. 과학자들은 각각의 시스템을 이해하고 티핑포인트를 정의하기 위해 상당한 연구를 이어왔다. 기후변화의 맥락에서 살펴보면, 지구 생태계 각각의 시스템이 너무 불균형해져 더 이상 돌이킬 수 없는 상태로 넘어가버렸다. 이전의 상태로 되돌릴 수 없는 회복 불가능한 상태로 전락하게 되는 온도 임계점이 티핑포인트가 되었다. 이 티핑포인트는 거의 확실하게 우리 생애 동안, 지질학적으로도 현세대 안에서 넘어버릴 가능성이 매우 높다.

더욱 심각한 문제는 하나의 시스템이 무너지면서 다른 시스템 간의 관계에 큰 변화가 일어나고 곧 도미노처럼 차례로 무너져 오늘날 우리가 누리고 있는 세계와는 매우 다른 새로운 지점에 도달해버리는 연쇄 붕괴의 가능성이다. 특히 그린란드와 서남극 빙상, 그레이트 배리어 리프 같은 산호초, 북극의 영구동토층, 주요 해류, 세계의 주요 산맥에 있는 빙하 등 여러 시스템의 전환점에 도달할 것으로 예상되는 온도의 평균치가 산업화 이전 평균보다 $1.5\sim2℃$ 높은 것으로 추정된다는 것이다.

현재 지구는 우리가 조금씩 조금씩 굴려온 절벽 위에 서있다고 해도 과언이 아니다. 지금 상태에서 1인치, 어쩌면 2인치만 더 굴러가면 돌이킬 수 없는 지점을 넘어갈지도 모른다. 우리는 결국 균형을 잃어버린 지구에서 살게 될 수도 있다.

이 책은 해결책이 아니라 문제에 초점을 맞추고 있다. 이 책을 쓰며 우리가 독자들에게 바란 것은 인간, 그리고 인간이 배출한 탄소가 지구를 어떻게 변화시키고 있는지에 대해 과학적 사실과 메커니즘을 이해함으로써 기후위기를 초래한 인간의 행동에 대해 더 깊이 알게 되는 것이었다.

탄소 배출이 우리가 살고 있는 지구에 어떻게, 그리고 얼마나 영향을 미치는지 이해하지 못한다면, 탄소 배출량을 줄이기 위해 필요한 조치들을 실행하기는 어렵다. 이 책이 유익하다고 생각한다면, 다른 사람들에게도 빌려주고, 친구나 가족과 현재 지구의 상황이 얼마나 심각한지, 그리고 우리가 지구를 위한 행동을 하기로 선택하는 것이 얼마나 중요한지에 대해 대화를 나누기를 추천한다.

그렇다면 우리는 어떻게 행동해야 할까. 우리가 취할 수 있는 행동의 목록을 자세히 설명하는 유용한 자료가 많다. 이러한 자료들은 우리 삶에 어떻게 적용할 수 있을지 고민할 가치가 충분하다. 그러나 기후 위기를 극복하기 위한 가장 근본적인 해결책은 사회 전체가 함께, 체계적으로 해결해야 하며 개인은 우리가 각각 가진 자원을 활용하여 변화를 일으키기 위한 훨씬 더 큰 힘을 만들어내야 한다. 이러한 '레버'에 집중하면 시스템을 변화시킬 수 있는 더 많은 힘을 얻을 수 있다. 다음 네 가지를 고려해 당신이 가진 자원을 활용한다면 지구를 위한 행동에 큰 영향을 미칠 수 있다.

- **돈:** 여러분의 가치에 부합하는 지속 가능한 은행과 투자로 돈을 옮기는 것을 고려해보세요. 투자는 우리가 원하는 미래를 만드는 데 도움이 되며, 투자되지 않는 분야는 점점 더 자본이 줄어들게 됩니다.
- **소비:** 소비를 줄이세요. 목적을 가지고 소비하세요. 우리가 구매하는 모든 것은 제조, 운송, 보관, 광고를 거쳐 만들어집니다. 육류, 패션, 비행기 등 무엇이든 소비를 줄이면 탄소 배출량을 줄일 수 있습니다.
- **노동:** 시간은 유한하며, 우리가 가진 가장 소중한 자원입니다. 수면과 일은 우리 시간의 대부분을 차지하지만, 우리가 잠을 잘 때는 많은 일을 할 수 없습니다. 자신의 가치에 부합하는 조직을 위해 당신의 노동력을 사용하세요. 자신의 가장 소중한 노동력을 당신이 원하지 않는 가치를 추구하는 조직에 제공하지 마세요.
- **투표:** 민주주의 국가 시민들은 투표를 통해서 발언권을 행사할 수 있습니다. 지도자들은 사회가 말하는 문제에 대해 논의하고, 시민들은 자신이 관심 있는 문제에 대해 행동하겠다고 약속하는 지도

자를 선택할 수 있습니다. 기후 위기 해결을 위해 노력하는 지도자에게 투표하세요.

그림 출처

16, 17쪽 NASA Goddard Institute for Space Studies

18쪽 Time

19, 79, 116, 120, 163, 181쪽 shutterstock

25쪽 source: 기상청, 〈기후변화과학 용어 설명집〉(2020)

28쪽 source: 탄소중립포털

31쪽 source: job one

33쪽 source: Environmental Research Letters, Volume 19, Number 7

40쪽 source: 〈원 마일 클로저〉

43쪽 USGS 미국지질조사국

50, 52, 54, 68, 72, 73, 75, 78쪽 NOAA 미국국립해양대기국

51쪽 IBS 기후물리 연구단

53쪽 NOAA 미국국립해양대기국 / https://climate.nasa.gov/vital-signs/arctic-sea-ice/?intent=121

55쪽 source: insideClimate News research

67쪽 source: https://rwu.pressbooks.pub/webboceanography/chapter/9-8-thermohaline-circulation/

71, 149, 160쪽 ECMWF ERA5

94쪽 NASA earth observatory / https://earthobservatory.nasa.gov/global-maps/MY1DMM_CHLORA/MYD28M

117쪽 위 source: UC Davis

117쪽 아래 source: L.Simkins/Rice University

121쪽 www.AntarcticGlaciers.org

158쪽 source: FT Research

179쪽 https://eros.usgs.gov/earthshots/rondonia-brazil

주

프롤로그

1 https://www.ncei.noaa.gov/access/monitoring/monthly-report global/200513

2 https://earthobservatory.nasa.gov/images/6228/global-surface-temperatures-in-2005

1장

1 Rantanen, M., Karpechko, A.Y., Lipponen, A. et al. The Arctic has warmed nearly four times faster than the globe since 1979. Commun Earth Environ 3, 168 (2022).

2 https://www.arcticwwf.org/the-circle/stories/why-is-the-arctic-warming-faster-than-the-rest-of-the-planet/

3 https://arctic.noaa.gov/report-card/report-card-2021/sea-ice-2/

4 https://nsidc.org/learn/parts-cryosphere/sea-ice/science-sea-ice#:~:text=First%2Dyear%20ice%20is%20thicker,78.7%20to%20157.5%20inches)%20thick

5 https://www.theguardian.com/world/2018/aug/21/arctics-strongest-sea-ice-breaks-up-for-first-time-on-record

6   https://nsidc.org/learn/parts-cryosphere/sea-ice/science-sea-ice#:~:text=First%2Dyear%20ice%20is%20thicker,78.7%20to%20157.5%20 inches)%20thick

2장

1   https://climate.nasa.gov/vital-signs/ocean-warming/#:~:text=Covering%20 more%20than%2070%25%20of,heat%20as%20Earth%27s%20entire%20 atmosphere

2   Cheng, L., Abraham, J., Trenberth, K.E. et al. Another Record: Ocean Warming Continues through 2021 despite La Niña Conditions. Adv. Atmos. Sci. 39, 373–385 (2022).

3   https://ourworldindata.org/energy-production-consumption

4   https://ourworldindata.org/fossil-fuels

5   https://news.stthomas.edu/earth-is-hotter-than-ever-and-humans-are-to-blame

6   https://www.climate.gov/news-features/understanding-climate/climate-change-ocean-heat-content

7   https://www.epa.gov/coral-reefs/basic-information-about-coral-reefs#:~:text=Polyps%20of%20reef%2Dbuilding%20corals,food%20they%20 generate%20through%20photosynthesis

8   https://coralreefwatch.noaa.gov/product/5km/index_5km_baa-max-7d.php

9   https://www.unep.org/resources/report/projections-future-coral-bleaching-conditions-using-ipcc-cmip6-models-climate

10   Cheeseman, Ted, et al. "Bellwethers of change: population modelling of North Pacific humpback whales from 2002 through 2021 reveals shift from recovery to climate response." Royal Society Open Science 11.2 (2024): 231462.

11   https://www.theguardian.com/environment/2024/feb/28/did-a-marine-

heatwave-cause-7000-humpback-whales-to-starve-to-death-aoe

12 https://www.theguardian.com/world/2020/feb/18/hundreds-of-thousands-of-mussels-cooked-to-death-on-new-zealand-beach-in-heatwave

13 https://www.washingtonpost.com/world/2021/07/08/canada-sea-creatures-boiling-to-death/

14 https://www.csiro.au/en/news/all/articles/2023/june/oceans-absorb-emissions

15 https://www.science.org/doi/10.1126/science.aau5153

16 https://www.ocean-climate.org/wp-content/uploads/2017/03/ocean-carbon-pump_07-2.pdf

17 https://www.nature.com/scitable/knowledge/library/ocean-acidification-25822734/

18 https://worldoceanreview.com/en/wor-1/ocean-chemistry/acidification/when-carbonate-formation-loses-equilibrium/

3장

1 https://thwaitesglacier.org/about/facts

2 Bedmachine: A high-precision map of Antarctic ice sheet bed topography. Citation: Morlighem M. et al., Deep glacial troughs and stabilizing ridges unveiled beneath the margins of the Antarctic ice sheet, Nature Geoscience, (2019).

4장

1 Greenland Ice Mass Loss 2002-2023. https://svs.gsfc.nasa.gov/31156/

2 https://www.water.go.kr/cmmn/pageLink.do?link=/eng/water/content02_1&menuCode=S030003001

5장

1   S.C. Sherwood,& M. Huber, An adaptability limit to climate change due to heat stress, Proc. Natl. Acad. Sci. U.S.A. 107 (21) 9552-9555, (2010).

2   Vecellio, Daniel J., et al. "Evaluating the 35 C wet-bulb temperature adaptability threshold for young, healthy subjects (PSU HEAT Project)." Journal of Applied Physiology (2022).

3   https://www.theguardian.com/science/2022/jul/31/why-you-need-to-worry-about-the-wet-bulb-temperature

4   https://www.ncei.noaa.gov/access/monitoring/us-maps/?maps[]=divisionaltavgrank—1--200708&maps[]=statewidetavgrank--1--200708&maps[]=regionaltavgrank--1--200708&maps[]=nationaltavgrank--1--200708

5   https://www.ncei.noaa.gov/access/monitoring/monthly-report/national/200708

6   https://earthobservatory.nasa.gov/images/148506/exceptional-heat-hits-pacific-northwest

7   White, R.H., Anderson, S., Booth, J.F.et al.The unprecedented Pacific Northwest heatwave of June 2021.Nat Commun14, 727 (2023).

8   https://www.climatehubs.usda.gov/hubs/northwest/topic/2021-northwest-heat-dome-causes-impacts-and-future-outlook

9   https://climate.copernicus.eu/surface-air-temperature-july-2022

10   Ballester, J., Quijal-Zamorano, M., Méndez Turrubiates, R.F. et al. Heat-related mortality in Europe during the summer of 2022. Nat Med 29, 1857–1866 (2023).

11   https://www.weforum.org/agenda/2022/07/heatwaves-europe-climate-change/

12   https://www.koreaherald.com/view.php?ud=20240116000636

13   https://edition.cnn.com/2023/08/04/asia/world-scout-jamboree-south-korea-

heat-wave-intl-hnk/index.html

14   Rantanen, M., Karpechko, A.Y., Lipponen, A. et al. The Arctic has warmed nearly four times faster than the globe since 1979. Commun Earth Environ 3, 168 (2022).

15   https://climate.copernicus.eu/esotc/2020/heat-siberia

16   https://wmo.int/media/news/wmo-recognizes-new-arctic-temperature-record-of-380c

17   Gloege, L., et al. "Land-atmosphere cascade fueled the 2020 Siberian heatwave."AGU Advances3.6 (2022): e2021AV000619.

18   https://unfccc.int/sites/default/files/resource/Permafrost%20v3.pdf

19   https://e360.yale.edu/features/how-melting-permafrost-is-beginning-to-transform-the-arctic

20   IPCC, 2019: IPCC Special Report on the Ocean and Cryosphere in a Changing Climate [H.-O. Pörtner, D.C. Roberts, V. Masson-Delmotte, P. Zhai, M. Tignor, E. Poloczanska, K. Mintenbeck, A. Alegría, M. Nicolai, A. Okem, J. Petzold, B. Rama, N.M. Weyer (eds.)]. Cambridge University Press, Cambridge, UK and New York, NY, USA, 755 pp.

21   Chen, Yaping, et al. "Thermokarst acceleration in Arctic tundra driven by climate change and fire disturbance." One Earth 4.12 (2021): 1718-1729.

22   IPCC, 2019: IPCC Special Report on the Ocean and Cryosphere in a Changing Climate [H.-O. Pörtner, D.C. Roberts, V. Masson-Delmotte, P. Zhai, M. Tignor, E. Poloczanska, K. Mintenbeck, A. Alegría, M. Nicolai, A. Okem, J. Petzold, B. Rama, N.M. Weyer (eds.)]. Cambridge University Press, Cambridge, UK and New York, NY, USA, 755 pp.

23   Schuur, Edward AG, et al. "Tundra underlain by thawing permafrost persistently emits carbon to the atmosphere over 15 years of measurements." Journal of Geophysical Research: Biogeosciences 126.6 (2021): e2020JG006044.

6장

1   Hooper, James, and Samuel Marx. "A global doubling of dust emissions during the Anthropocene?." Global and Planetary Change 169 (2018): 70-91.

2   Ellis, E.C., Klein Goldewijk, K., Siebert, S., Lightman, D. and Ramankutty, N., Anthropogenic transformation of the biomes, 1700 to 2000. Global Ecology and Biogeography, 19: 589-606. (2010).

3   https://ourworldindata.org/land-use

4   https://www.wwf.org.uk/learn/fascinating-facts/amazon

5   https://www.theguardian.com/environment/2024/apr/04/global-deforestation-rainforest-climate-goals-brazil-colombia-agriculture

6   https://eros.usgs.gov/earthshots/rondonia-brazil

7   Boakes Elizabeth H., Mace Georgina M., McGowan Philip J. K. and Fuller Richard A. Extreme contagion in global habitat clearance. Proc. R. Soc. B.2771081–1085 (2010).

8   https://infoamazonia.org/en/2023/03/21/deforestation-in-the-amazon-past-present-and-future/

9   Deforestación en la Amazonía al 2025, RAISG, (2023). Accessed at: https://infoamazonia.org/wp-content/uploads/2023/03/DEFORESTACION-AMAZONIA-2025_21032023.pdf

10   https://education.nationalgeographic.org/resource/amazon-deforestation-and-climate-change/

11   Malhi, Y. et al. The regional variation of aboveground live biomass in old-growth Amazonian forests. Glob. Change Biol. 12, 1107–1138 (2006).

12   Gatti, L.V., Basso, L.S., Miller, J.B. et al. Amazonia as a carbon source linked to deforestation and climate change. Nature 595, 388–393 (2021).

13   Lawrence, D., Vandecar, K. Effects of tropical deforestation on climate and agriculture. Nature Clim Change 5, 27–36 (2015).

14   Lawrence, D., Vandecar, K. Effects of tropical deforestation on climate and agriculture. Nature Clim Change 5, 27–36 (2015).

나는 매일 재앙을 마주한다

탐험가의 눈으로 본 기후위기의 7가지 장면

초판 1쇄   2025년 4월 7일

지은이   제임스 후퍼 강민아

발행인   문태진
본부장   서금선
책임편집   원지연   **편집 2팀** 임은선 김광연   **일러스트** makoon

기획편집팀   한성수 임선아 허문선 최지인 이준환 송은하 송현경 이은지 김수현 이예림
마케팅팀   김동준 이재성 박병국 문무현 김윤희 김은지 이지현 조용환 전지혜 천윤정
저작권팀   정선주
디자인팀   김현철 이아름
경영지원팀   노강희 윤현성 정헌준 조샘 이지연 조희연 김기현
강연팀   장진항 조은빛 신유리 김수연 송해인

펴낸곳   ㈜인플루엔셜
출판신고   2012년 5월 18일 제300-2012-1043호
주소   (06619) 서울특별시 서초구 서초대로 398 BnK디지털타워 11층
전화   02)720-1034(기획편집) 02)720-1024(마케팅) 02)720-1042(강연섭외)
팩스   02)720-1043
전자우편   books@influential.co.kr
홈페이지   www.influential.co.kr

ⓒ 제임스 후퍼·강민아, 2025

ISBN 979-11-6834-277-4 (03300)